アイデアを商品化して収入を得る方法

はじめての発明

松本奈緒美

新泉社

はじめに

はじめまして、発明家の松本奈緒美です。

私は 2005 年にはじめて発明品が商品化されてから、発明家として活動しています。2010 年には株式会社発明ラボックスという会社を立ち上げました。

発明活動の強化とともに、たくさんの発明家のアイデアの商品化をお手伝いしたり、新商品のアイデアを探しているメーカーさんへ発明家のアイデアを提案したりしています。

発明業界の活性化のため、テレビ番組に出演したりセミナーの講師をしたりするなどの活動もしています。

私は、生活のなかで「困ったな」と感じたことを、どこでも手に入る素材で、お金をかけずに工作をして試作し、たくさんのメーカーとライセンス契約をしてまいりました。

これまでに世に出してきた発明品には下記のようなものがあります。

★掃除機のノズル「ペン先すーぴぃ」(14 万個)
★販売促進用ツール「紙パズル」(100 万枚)
★アニマルフローリングワイパー「おそうじシュシュ」(8 万個)

他にも、ハンガーカバー「おまとめハンガーカバー」や、冷え防止グッズ「耳あてマフラー」など、数々の発明がヒット商品になりました。

しかし、すべてがうまくいったわけではありません。

はじめての発明品「ペン先すーぴぃ」は、メーカーに採用されるまでに 5 年の歳月を費やしました。もちろん、5 年間、ぼーっと待っていたわけではありません。コツコツと試作をしては提案、そして断られる。一つ壁を乗り越えるとまた次の壁が……、の繰り返しでした。

「絶対に商品化する」「この発明品はとても良いものなんだ」と自分を信じて、立ちはだかる壁に、毎回、対応を考えて乗り越えていきました。さすがに５年も壁が立ちはだかり続けると、諦めようか……、と思うときもありました。

詳細についてはコラムで書きましたでお読みください。

発明をする方の相談を受けていると、悩んでいるところが、私が発明を始めた当初の５年間で体験したことと同じだと気づいたのです。

ですので、本書でははじめて発明に挑戦する方や、まだ商品化へと至っていない方が、ご自身の発明を商品化できるよう、順を追ってわかりやすく説明しました。

「発想（part1）」から「試作（part2)」、「調査（part3）」をしっかりと繰り返したうえで「出願（part4）」をします。この順番を踏襲してください。

そして出願する前は、そのアイデアを決して公開しないでください。この順番を間違えると、良いアイデアでも権利取得ができなくなることがあるのです。

このように、アイデアをメーカーに採用してもらうにはコツがあります。

本書を読んだみなさんが、夢のロイヤリティ契約を実現できることを願っています。

レッツ、チャレンジです！！

contents

企画・編集協力　有限会社 Imagination Creative　方喰正彰
ブックデザイン　鷹觜麻衣子
イラスト　えのきのこ

prologue

私の発明した商品と開発秘話

あなたは、小学生のころにやった夏休みの図工の宿題を覚えていますか？　私は、「発明展」に出す作品作りが憂鬱だったのを覚えています。何か「発明」しようと思っても何も思いつかず、どうやってごまかそうか……、そんなことばかり考えていました。

そんな私が発明に目覚めた出来事がありました。ある日、「主婦のアイデアが大ヒット！　スリッパの踵（かかと）を切っただけ」という、テレビ番組をみたのです。この程度で発明？　「私もお金持ちになれるかも。なんか簡単そう！」と思いました。

不器用で面倒くさがり屋の私は、結婚前はもちろんのこと、結婚後も家事がまったくできませんでした。しかし、節約しなければならない生活のなかで自分を助けるために掃除道具を作ったことが、発明を始めるきっかけとなりました。

実際に発明品を作ってみることで、中学生レベルの学力、工作力で充分「発明」できることを発見したのです。そしてはじめての発明品「ペン先すーぴぃ」が14万個のヒット商品になり、発明家として華々しいデビューを飾ることができました。

私が発明し、商品化されたものを、ここで紹介しておきたいと思います。

自分の苦手なことが発明に

商品名

ペン先すーぴぃ

メーカー：アズマ工業株式会社
商品価格：900円

アイデアを思いついたきっかけ

私はテレビや家具を水拭きするのがとてもおっくうでした。ホコリのついた雑巾を何度ももみ洗いするなんて面倒だったのです。

「掃除機をかけている最中に、拭き掃除もできないかな……」

そう思い、試行錯誤の末、やっと完成したのが「ペン先すーぴぃ」です。これを掃除機の連結パイプにギュッと装着して掃除機のノズルとして使用します。

フロアの掃除機がけをしている際に、電化製品や家具などのホコリを発見したら、連結パイプに取り付けて、掃除機でホコリを吸引しながら拭き掃除もできるという発明品です。

PP シートに折れ目がついているので、狭い隙間にもフィットして入っていきます。周辺部についているホコリを拭き取る部分の白いモコモコしたボアは、汚れたら手洗いもできるので、いつでも清潔です。

このアイデアが商品化されて気づいたこと

1 苦手なことが発明につながる。

2 自分で作れるくらいの簡単な試作品が、メーカーも思いもよらない新しい商品になる。

お金をかけない工夫が発明に

おそうじシュシュ

メーカー：アズマ工業株式会社
商品価格：1,500円

アイデアを思いついたきっかけ

節約をしなければならない生活のなかで、フローリングワイパーの取り替えシートがすぐになくなってしまって、浪費しているのではと感じていました。

捨てようとしていたお風呂足拭きマット（マイクロファイバー）があったので、それで雑巾を作って、ワイパーにつけてみたところ、水拭き掃除もできるワイパーになり、「これは便利！」と閃きました。

さらに、汚れる面だけ取り出して洗えるようカバー部を考えましたが、売り場で目立つように、動物のバリエーションがあるといいなと思いました。

主要なパーツを同一にしてなるべく同じ型でカットできれば、生産コストが下がるかなと思い、動物の種類は多いですが、型はすべて同じにしました。

このような形状の工夫をしたことがメーカーの方にも評価していただけました。

このアイデアが商品化されて気づいたこと

1. シリーズ化ができるようにして、売り場の展示面積を広げるという考えも大事。
2. コストがかからないよう、シンプルな形状を心がけることが大事。

「一石二鳥」で考えると発明に

次ページの商品アイデアを採用した寝具メーカーさんでは、毛布製造の折に出る余剰のマイクロファイバー布とダウン素材を使用して、毛布タイプの商品（約 2,500 円）とダウンタイプの商品（約 4,000 円）が製造できるということで、2 タイプを商品化していただきました。

ヘンテコな形状なので、当初は、店舗さんはどこも扱おうとしませんでした。

しかし、このヘンテコな形状がバラエティ番組などで、「なんだこれは！？」と笑いのネタになり、たくさん取り上げられ、この年は完売となりました。

取り上げられた番組は「笑っていいとも！（フジテレビ）」「ノンストップ！（フジテレビ）」「ヒルナンデス！（日本テレビ）」など多数。

インパクトある形状の商品は、テレビ番組で取り上げられるととても売れる、ということを知りました。

毛布タイプ

商品名

ルーム耳あてマフラー

メーカー：株式会社ロマンス小杉
商品価格：2,500円～8,000円

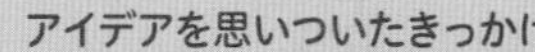

アイデアを思いついたきっかけ

東日本大震災以降、節電を心がけていたときに、家でも耳を温めていると寒くても過ごせるのではないかと、耳あてマフラーを思いつきました。耳あて＋マフラーが合体した一石二鳥のアイデアです。

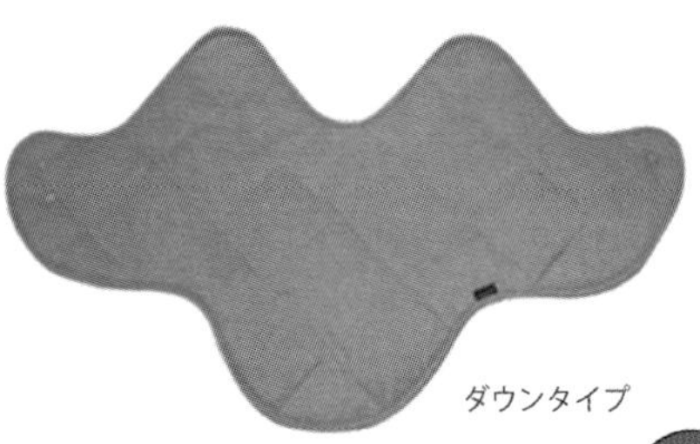

ダウンタイプ

このアイデアが商品化されて気づいたこと

1 一度見たら忘れないようなインパクトある形状が大事。

2 同じ形状でも、素材を変えたら高額でも売れる、という商品アイデア。

「困っている人の役に立ちたい！」が発明に

～私が開発をサポートさせていただいた事例～

商品名

杖用ショルダーベルト ARUKUTOMO（アルクトモ）

メーカー：テイコクファルマケア株式会社
商品価格：9,800円

アイデアを思いついたきっかけ

脳梗塞を患い、車椅子生活を宣告された人が、杖歩行をしたいと思っていました。しかし、杖を落としてしまう心配があることから、歩くことを諦めかけていました。そこで、杖をショルダーベルトでつなぐことで、落とす心配をなくし、歩けるようにしました。

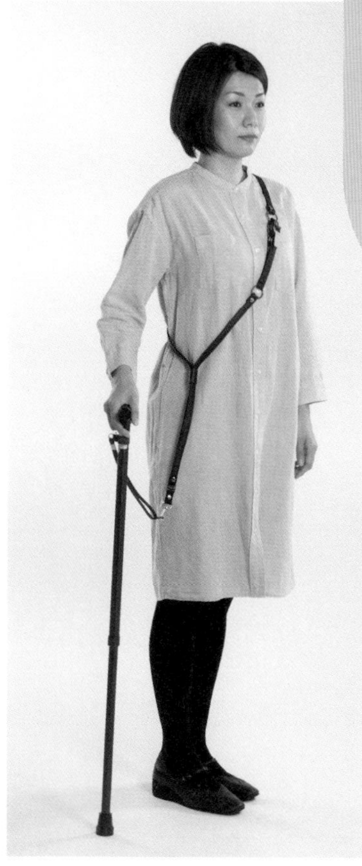

サポートさせていただいたきっかけは、「これは発明でしょうか？」との相談を受けたことです。ショルダーベルトを杖につなぐだけだと「単なる使い方の工夫」であり、発明にはならないため、「杖に装着するショルダーベルト」として、便利になるようにアイデアを工夫しました。

手芸品店に置いてある、ロールで販売しているベルトを、試作素材として調達し、それをカットして作成。スムーズにできました。

杖を使っている人が利用する物なので、いろいろな場面を想定し、それに対しての安全面を考慮し、何度も試作しました。

このアイデアが商品化されて気づいたこと

1 発明する動機が大事。

2 使う人のことを考えて何度も試作をすると、特許になるところが生じてくる。

part 1 発想のしかた

「お客様提案」と「ロイヤリティ契約になるアイデア」の違い

私は主婦発明家を紹介するテレビ番組を見た後、ロイヤリティ収入が得られることを期待して「アイデア提案書」を書いて企業に送ってみました。

すると、「貴重なご提案をありがとうございました」と書かれた手紙と、「お客様提案」のお礼としての粗品が送られてきました。

そこで、「あれ？」と思ったのです。なぜあのテレビ番組で見た主婦のアイデアには「ロイヤリティ」が発生し、私のアイデアの提案は「お客様提案」で、粗品なのか？

「お客様提案」にならないためには、**アイデアには「権利がある」ということが重要なポイント**だとわかりました。企業側が「この権利を利用したいので、使わせてほしい」ということなってロイヤリティ（権利）が発生するのです。

ここで身構えてしまう人がいるかもしれませんが、難しく考えることはありません。

まず「試作」をしてみることです。すると自ずと具体性がでてきます。この具体性こそが「権利」につながっていきます。

素人が作れるような簡単な形状のものこそ、企業にとってコストのかからない、思いもつかなかったアイデアだと評価されることがあるのです。

発明の第一歩は、「アイデア→試作」を何度も、自分で繰り返すことです。これによって感覚が身についてきます。

アイデアを事業（ビジネス）にできる権利とは

「良いアイデアを思いついた！」と人に話すと「特許を取ったら？」と言われることがあります。そうです。知的財産権（特許権、実用新案権、意匠権、商標権、著作権）がロイヤリティ収入になる権利なのです。

　これらはどのようにして取得するものなのでしょうか？

　特許権、実用新案権、意匠権、商標権は、「産業財産権」と呼ばれ、特許庁に出願して認められると権利が付与されます。

　各権利によって、取得できる条件や権利保有期間など、それぞれ違います。自分のアイデアに合った権利を取得して、メーカーと契約する、権利譲渡する、自分で商品を販売する、などが可能になります。

発明は日常生活から生まれる

自分で作れる試作品がいい

「自分では試作できないので、誰か作ってくれる人はいませんか？」

　私はこのような相談を受けたときには「自分でも試作できるような素材や構造に考え直してください」とお伝えしています。

　自分で試作できないような商品は、企業側でも生産するのにお金がかかります。お金がかかるのであれば、商品化の検討に入りにくくなります。

　つまり、ふだん私たちが手に入りやすい素材で自分でも作れるような簡単な構造にするのが、商品化への早道です。

自分のため、身近な人のため

　自分自身、あるいは家族の「不便だなあ」と感じる実体験をもとに、その不便を解消するために考える。そういう動機が大事です。本当に便利に使えるまで、試作の修正もしてください。

そして、他の人にも意見を聞いてみることをお勧めします。同じように感じている人がたくさんいたらチャンスです！

自分のため、家族のためと思ってする発明は、試作品作りにも熱が入るので、提案先の企業にも気持ちが伝わります。

開発過程の物語は、通販などをする場合に、消費者に商品を印象づける「物語」として利用できるため、採用する際のポイントにもなるのです。

「今までなかったアイデアだから」はダメ

採用されにくいアイデアは「今までこのようなモノがなかったので売れると思うんです」という他人事のような発想です。

これだけ聞くと、「何がいけないのですか？」と思うでしょうが、よくよく考えてみると、そうしたアイデアは自分の思い込みであることが多々あるのです。

自分の体験から思いついたわけではないので、具体性に欠けることがあります。アイデアを育てようという気持ちにもなりにくく、壁が立ちはだかったときにアッサリやめてしまいがちです。

はじめての発明品はぜひ「自分の体験から思いついたもの」で考えてみましょう。

商品化されやすい発明とは

商品化されやすい発明は、ズバリ！、**メーカーにとって“売れる”商品、“儲かる”商品**です。具体的にメーカーに採用されやすい発想のコツを教えます。

リピート購入しやすい安価な生活雑貨

100 円から 500 円程度で販売する、一度買ったらその後はあまり買わない商品は、それがいかに良いアイデアであったとしても、メーカー側は採用に躊躇します。
使い捨てにすると便利なモノ、取り替えが必要になってくるモノなど、リピート商品のアイデアに挑戦してみましょう。

複数個揃えたくなるアイテム

たとえば１個100円のものであっても複数個購入されるものであれば、低価格の商品であってもたくさん販売される可能性があります。
お弁当のシリコンカップのような、１週間分を作り置きして冷凍できて、そのままお弁当に詰めるのに使えるもの、または収納グッズの、重ねられるボックスで、何個も何個も揃えたくなるものなど、購入個数が１つではおさまらないようなアイテムを考えてみましょう。

通販で1万円程度で売れる商品

メーカーは通販で１万円で売れる商品を好みます。テレビの通販番組で紹介することも可能になってくるからです。
テレビでの通販が決まると販売の予測がしやすく、製造計画が立てやすいということがあります。そのため、高価な商品のなかでもテレビの通販で売れやすい商品だとより好まれます。
発明家の想いや発明に至るまでの秘話（＝物語）がある商品は、テレビの通販番組を作るうえで評価ポイントになります。テレビの通販番組をふくめて、通販ルートで売っていこうとするなら、商品開発の背景を伝えることが重要になります。
特に高価な商品には物語が必要です。困りごとの解決や、開発理由に共感を得られるような物語がなければ、見たこともない初めての商品は簡単には売れません。
たとえば、自分の「困った」から発想した簡単な運動器具や衣類、寝具など、あまり製造に手間がかからないものを、目を引くインパクトのある形状で考えてみてください。
また、１万円の商品であっても、これも付けたら便利、あれも付けたら便利、というように、付属品的なアイデアを付加すると、メーカーとしても売るアイテムが増えるので、非常に興味をもたれると思います。

商品化されにくい発明とは

商品化になりにくいにもかかわらず、数多く寄せられるアイデアをご紹介します。当てはまる場合は要注意！

NG!「100円均一ショップで売れればいい」というアイデア

よく「100 円均一ショップで売れたらいいな」と思っている人がいます。その人の試作品を拝見すると、安価なものでも、一つ買ったらしばらくは要らないものだったりします。

仮に 100 円均一ショップで販売される商品に選ばれたとしましょう。

そういう店ではたくさんの商品が並んでいます。1 商品の出荷は 2 万個〜5 万個販売されたら上出来だと言われています。

つまり、卸価格の 3% のロイヤリティ契約ができたとしても、100 円の卸価格を 38 円とすると、その 3% で 1 個約 1 円。ロイヤリティ収入は、なんと 2 〜 5 万円程度にしかならないのです。

しかし、100 円均一ショップでの販売をねらうアイデアでも、何個も揃えたくなるアイテムでしたら OK です。

このように、提案するアイテムの販売価格も考えながらアイデアを検討してみるといいでしょう。

NG! どこで販売したらいいかわからないアイデア

売り場のことを考えていないアイデアは、メーカーに「これは売るのは難しい」と思われてしまいます。実は、斬新なアイデアは斬新であるがゆえに、販売するのにとても苦労しますので、敬遠されがちです。

自分が発明した商品はどの売り場に並んだらいいかな？　と考えながら店舗をまわり、メーカーの気持ちになって考えてみることをお勧めします。

NG! 製造に手間がかかりすぎるアイデア

サイズが大きいもの、特殊な素材を調達しなければならないもの、組み立てが必要なものなどは、良いアイデアであったとしても、商品化のハードルが上がり、採用は難しくなるでしょう。

メーカー側が製造することも考えて、使用する部品点数をなるべく少なくする。製造に手間がかからないようにする工夫は、採用されるうえで大事なことになります。

また、現在はインターネットでの通販は大きな収入源となります。ですから「送料の値段」も利益に関わる重要なポイントです。

商品価格が安いのに送料が高くなってしまうものは、「儲からない」アイデアと判断され、敬遠されます。

「アイデアノート」を書こう

まずは、あなたの日常生活のなかで不便を感じたことを思い出してみましょう。思い出せない？　そんなことはありませんよね。不便なことばかりではありませんか。

たとえば、以下のようなことはありませんか？

- 財布や携帯電話を家に忘れて出かけてしまって困った、という経験
- 家族が多いから衣替えが大変（収納がラクにならないかという悩み）

●冷え性なので、こんなのがあったらいいな、と思っているものがある

「なんとかしたいな……」と思うことを、自分で試作品を作ることを念頭におきながら、ノートに書き留めてみてください。

せっかく思いついたことを忘れてしまう場合もあるので、それを防げるのと、書くことで思考の整理がつき、良いアイデアにつながりやすくなる、というメリットがあります。

また、独りよがりな考えではないか、自分だけの思い込みではないかと、改めて確認することもできます。

アイデアノートの例

参考例として、「冷蔵庫の整理をしたい」という悩みを解決したいときの、アイデアノートの書き方をご紹介します。

発明品の名称 冷蔵庫小物ポケット

<table>
<tr><th colspan="3">日頃感じている不便なこと</th></tr>
<tr><td colspan="3">納豆のたれ･からし、うなぎのたれ、小さなパック。
何かの料理に使えるので便利そうだから、冷蔵庫に入れてあるけど、案外いろいろ種類があって、大きさもバラバラ。溜まる一方で……。
どこに何があるのか、いつのものなのか、わからなくなっている……。
チューブ類も一緒にしておきたい。</td></tr>
<tr><th colspan="3">どのような特徴があったらいいか</th></tr>
<tr><td>古い順に取り出していけるポケット</td><td>いろいろな種類があるので、中が見えたほうがいい</td><td>小さいからしが取り出せるポケット</td></tr>
<tr><th colspan="3">そのためにはどんな形状･素材がいいか</th></tr>
<tr><td>底蓋のほうから取り出せる</td><td>透明ビニール
メッシュ生地</td><td>深さがさまざまな複数のポケット</td></tr>
</table>

このように書いてまとめておくと、発想しやすくなります。

次に、書き出した内容を絵にしてみましょう。イメージを形にすることで、さらなるアイデアが湧いてきたり、改善点が見えてきたりします。

材料：メッシュ生地、バイアステープ、ベルクロテープ、針金

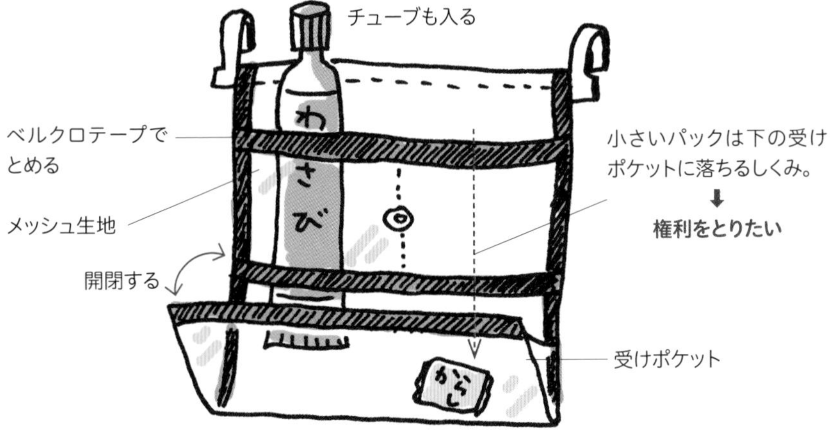

市販されている類似商品を調査してみる

「こんなのが欲しいな」というアイデアがまとまったら、街へ出て似たような商品があるかリサーチしてみましょう。

類似商品をリサーチしながらも、商品のメーカー名、連絡先は控えておきます。

その商品より優れている点があれば、その商品を販売しているメーカーに、ニューモデルとして提案することもできるのです。

アイデアをストックしよう

アイデアノートが商品化のためのネタ帳だとすると、アイデアのストックとは、アイデアノートの集合体のようなイメージです。

たくさんアイデアが浮かぶ方は、バインダー式のノートにして、必要に応

●市販されている類似品のメモ

販売されていた商品名　「冷蔵庫整理ポケット」

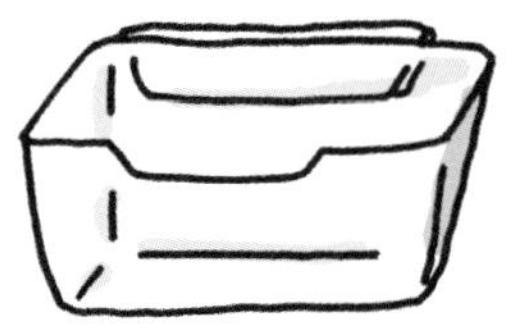

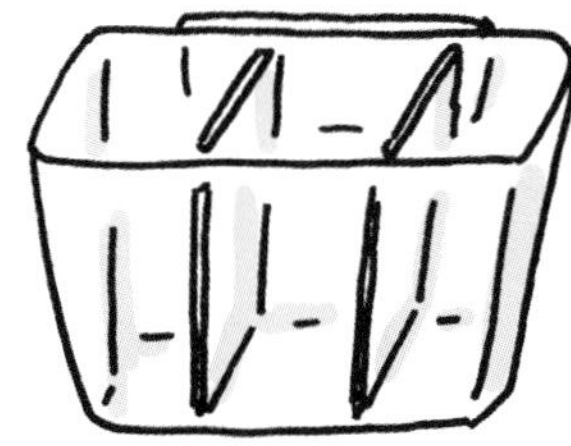

[優れている点、欠点]
プラスチックの成型品の冷蔵庫小物入れは、形状が決まっているため、いろいろなパック形状のものは入らない。
収納したいものの融通がきかない。
底部にからしパックが入ってしまうと取りにくい。

[メーカー情報]
製造会社　株式会社○○工業
〒000-0000　△△△△△△△△△△△△
△△△△△△△△△△△△△△△△△△△

[購入場所]
100円ショップ○○○○○○

[価格]　100円（税別）

販売されていた商品名　「スッキリネット」

[優れている点、欠点]
メッシュ生地を使用している冷蔵庫ポケット。容量に合わせてフィットするし、汚れたら洗えるところはいい。
底部にからしパックが入ってしまうと取りにくい 。

[メーカー情報]
製造会社　株式会社□□
〒000-0000　△△△△△△△△△△△△
△△△△△△△△△△△△△△△△△△△

[購入場所]
ドラッグストア□□□□□□

[価格]　400円（税別）3枚入り

じて中身を入れ替え、カテゴリー分けしてインデックスを付けるなどするといいでしょう。
　熱心な方ですと、毎日発明のことを考えていると、書きとめていたことでも意外と忘れている場合があります。
　カテゴリー分けして整理しておくと、ノートが増えていっても、後で見直したいアイデアが見つけやすくなります。
　未完成のアイデアでも、「こんなことを考えていたな」と思い出し、次のアイデアを考えるヒントにもなります。

　アイデアノートに書いておいた内容をもとに、友人・知人に「私は、日常生活のなかでこういうところが不便なんだけれども、あなたはどう思う？　こんなのがあったら良いと思わない？」と質問してみてください。
　相手の回答を書き込んでおくことで、さらにアイデアが広がり、商品化するうえで消費者の意見として活用できます。

　一番身近にいる自分の家族に聞いてみるのもいいでしょう。一つ屋根の下の家族であっても、意見や考えが異なることは少なくないですよね？
　また、世代が変われば見方も変わってきますので、さまざまな意見を取り入れることは、より多く売れる商品を発明するうえで大切になってきます。

　時間があるときにアイデアノートをパラパラと見ているだけでも、ワクワク感が甦ってきたり、新しいアイデアに発展したりします。
　アイデアノートは何かと閃きを与えてくれるツールとなるのです。

発明が簡単にできる「一石二鳥シート」

　私が主催している発明セミナーで、発明思考力アップの講義をしています。そのなかで「一石二鳥シート」というのをたびたび利用しています。

大発明は**「失敗から生まれた」「偶然から生まれた」**という事実は、歴史を振り返ってみても数多くありますね。

新しいアイデアを考えようと思っても、なかなか生まれないもの。なぜなら脳は「間違わない」ように考えるクセがついているからです。

そのクセから抜け出すために、私は、これから紹介する「一石二鳥シート」を用いています。

これを使うときは**「組み合わせの間違いを許す」**ことを心がけてください。**「こんな組み合わせは、あり得ないだろう」**という考えを一度捨てて、あり得ない組み合わせでも組み合わせてみたらどうなるか、考えてみましょう。

では、みなさんがスリッパの新商品を考えることになったとしましょう。

新商品ですから、今までに見たことのないスリッパの商品提案をしなければなりません。アイデアを出すことが苦手な人は、ここで「見たことがないものは考えられない」と思ってしまいます。

それは、見たものを脳内で情報処理する働きに慣れているからなのです。

アイデア力のある人は、その商品の周辺にある物を適当に「組み合わせ」て、新しいアイデアにしています。

その組み合わせ方は、基本は「1＋1」「一つのモノで2つの機能がある」というような「一石二鳥」の考え方です。

つまり、2つの機能の組み合わせで考えるとアイデアは出しやすいのです。

それ以上の多機能が便利な場（たとえば、キッチン、防災、アウトドアなど）はありますが、3つ以上組み合わせると、何に使うものなのかわかりづらくなるおそれがあるので、注意が必要です。

まずは「周辺」で使われる機能を付加していくので十分。それだけでアイデアがまとまりやすくなります。

一石二鳥シートの例

人は、何かモノを見たとき「これは何?」と、頭の中で答えを出そうとします。これはモップがついた「スリッパ」なのか、スリッパのような「モップ」なのか……。

まずは何についてのアイデアを考えるかを決めます(A 欄①)。次に誰が使うものかを記入します(A 欄②)。その下に A 欄の特徴を思いつくままに書き出していきます。

1. ①何について考える? ➡スリッパ
2. ②どのような人が使うの? ➡普通の主婦
3. ①のモノの周辺や②の使う人から連想する言葉をどんどん出していきます。

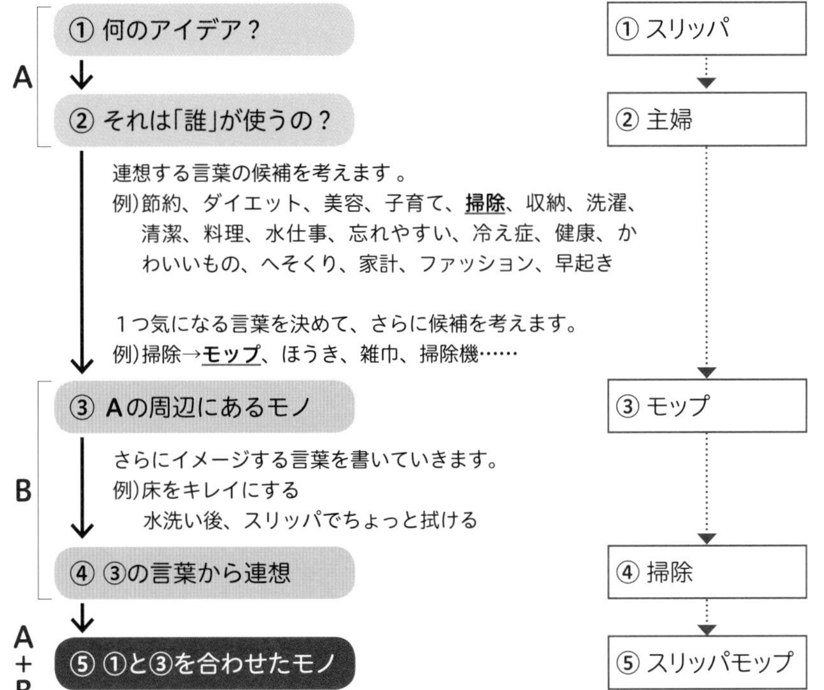

●一石二鳥シートの記入例

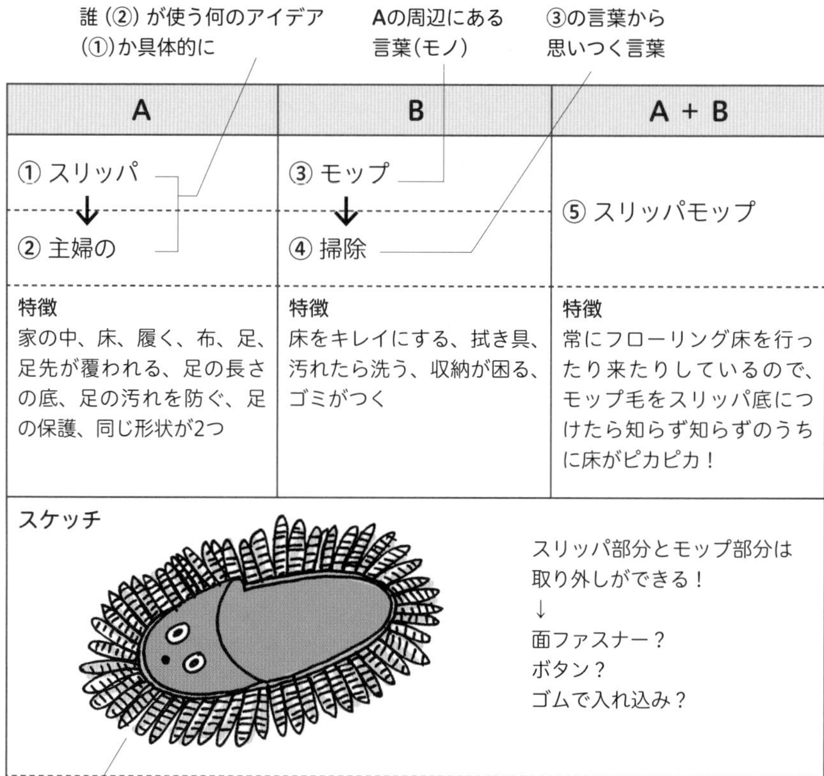

絵を描きながらさらにアイデアをブラッシュアップ

スリッパ+ダイエット（→つま先立ち）
スリッパ+健康（→ツボ押し）
スリッパ+掃除（→モップ）

上記のものは過去に出た商品です。これらの事例からみても、ヒット商品は組み合わせ方が良かったのが、おわかりいただけると思います。

そこで私の考案した「一石二鳥シート」を利用すれば、アイデアを具体的に考えていくことができますので、チャレンジしてみてください。

●一石二鳥シートのフォーマット

A	B	A + B
①	③	⑤
②	④	
特徴	特徴	特徴
スケッチ		

そのアイデアに時間をかけて大丈夫？

「諦めなければ失敗ではない」は本当か

諦めないことは大切ですが、「諦めない」ことと「諦めがわるい」ことは違います。

ダメだと思うこと、改善が必要なことは、当初の予定や目論見と違っていても、結果を見て修正・改善することが必要です。

なぜなら、発明家の使命は**「たくさんの方に喜んで使ってもらうこと」**だからです。自分のアイデア、発想を過信して独りよがりにならないように、気をつけなくてはなりません。もちろん、私自身も気をつけていることです。

努力して積み重ねていく気持ちは十分わかりますが、熱意と諦めない努力は大切にしても、日々進化していくという発明家精神を忘れないでください。

壮大なアイデアに時間をかけていいか

「夢の道具」のようなものは誰でも空想はできますが、それを実現するのは、そう簡単なことではありません。

スティーブ・ジョブズやダイソン、豊田佐吉、安藤百福などの偉人たちは、当時は空想だと思われた発想から始まり、努力の結果、大成功していますが、彼らに共通するのは、相当なところまで自力で試作を重ねてきたということです。

たとえ一人になっても続ける！　人生をかけて開発したい！

そこまでの気持ちが自分にあるかどうか自問自答して、やっぱり成し遂げたいと確信したら、レッツ、発明です！

人命に関わるアイデアに時間をかけていいか

救助用のカプセル、ロープ、金物、救命胴衣など、災害時に役立つというコンセプトのアイデアは、実験などに時間がかかり、製作なども困難な場合があります。

また、人命に関わる商品は、安全に関する認定にも時間や費用がかかるため、まったくの新しい発想のアイデアだとメーカーも二の足を踏みます。

時間がかかってもやるという気持ちがあるか自問自答して、やっぱり成し遂げたいと確信したら、レッツ、発明です！

医薬品のアイデアに時間をかけていいか

私は、湿布、テーピングを提供している会社と仕事をしていますが、湿布は四角い形状しかないので、肩や腰にフィットする新しい形状を提案したことがありました。

しかし、社員の方に笑われてしまいました。

湿布は、あの形状、面積、湿布剤の量など、すべての要素を含めて「医薬品認定」が取れているので、新しい形状での販売は容易にはできないのです。

言われてみれば、どこの湿布メーカーも、そのようなコンセプトの商品はやっていませんね。医薬品も、商品化になるのは難しいようです。

part 2

試作のしかた

自分で試作できるもので考える

アイデアから構想が固まってきたら、実際に試作をしてみます。

たまに「アイデアはあるのですが、試作はできません」という人がいますが、そういう人には「下手でもいいので、試作品は自分で作ってください」「自分で作れるくらいの簡単な構造になるように考えてください」と伝えています。

アイデア（イラストや図面）だけでは具体性がないので、企業が採用することはありません。自分で作ってこそ具体性が出てきます。

実は、自分で作成できるような縫製の発明品や、シート素材・板状素材を使った発明品は、比較的早く商品化の候補になりやすいのです。

それは採用する企業の生産初期コストがかからないからです。発明品とは、今まで市場にないものですから、売れるかどうかという判断が、企業にとってもしにくいもの。

ですから、「なるべくお金をかけないで便利な品を作る工夫」が最も大事になってきます。

試作は発明の醍醐味

実際に作って試してみると、頭の中では「すごいアイデア思いついちゃった！」と思っていても「あれ？　こんなハズでは……」ということが多々あります。

反対に、試作をしたら「**別のアイデアを思いついた**」「**考えていた以上の効果があった**」というふうに、嬉しい発見もあります。

こういったところからロイヤリティの発生する「発明」に発展していきますので、ぜひ試作品作りにチャレンジしてください。

作ったものをどう改良したらいいか、家族で意見を出し合ったりすると、新しい発見が得られ、発明が楽しくなっていきます。

試作品を作るときのヒント

既製品を真似して作成

私の発明品「ペン先すーぴぃ」の試作品作りの話を紹介します。

はじめは、掃除機によく付属されているプラスチック製の「隙間用のノズル」のようなものを作ろうとしていました。

しかし、プラスチックの試作ができません。そこで、まず紙で「スキマ用のノズル」を作ってみました。

当初は、掃除機のパイプの内側に差し込みたいと思っていたのですが、いざ紙で作ってみると、パイプの外側に付けてもいいのでは？　と閃きます。

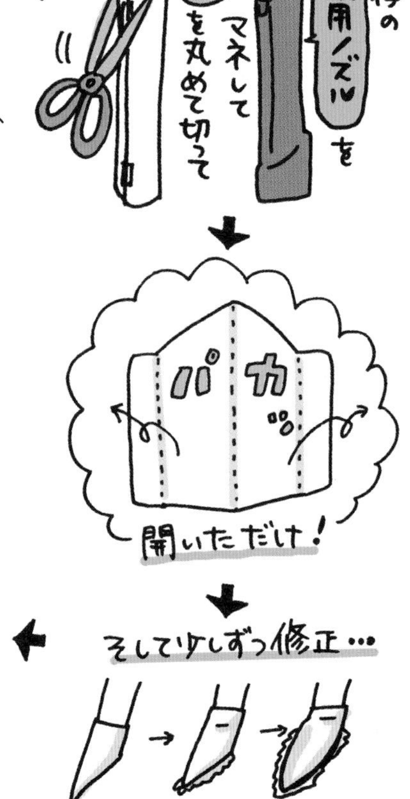

スイッチを入れて試してみると、紙であるにもかかわらず、パイプの中に吸い込まれず、しかも掃除したい場所の狭い隙間に入るという、これまでにない機能が生まれました。

これは、試作をしてみないとわからなかったことです。

頭で考えているだけでは良いアイデアは生まれてこない、と気づかされたのでした。

紙は試作の基本！

紙は最も手軽に試作ができるものなので、私はまず紙で、大きさや使い勝手のいい形状を考えています。

私が実際に商品化したアイデアを例に、説明しましょう。

商品名

リボンカード

製造・販売：株式会社発明ラボックス

開くと…
メッセージを書き込める。

必要な素材は紙だけ。紙とハサミがあれば発明はできます。

アイデアを思いついたきっかけ

プレゼントを購入したとき、手書きのメッセージカードを添えたかったのですが、包装する前に急いで書かなければなりませんでした。もっとゆっくり考えたかったなあ、と少し残念に思ったことが閃きのきっかけです。

日々の生活のなかで感じる「不便だなあ」という体験がいきるのです。

まず、「一石二鳥シート」にはこのように書いてありました。

A	B	A + B
① メッセージカード	③ リボン	⑤ リボンカード
② 主婦の	④ プレゼント	
特徴 包装前に書かないと封入できないので、メッセージを書くのを諦めたり、じっくり考えて書けない。 メッセージカードに関する特徴を書いていく。Bの欄を見ないで書く。	特徴 リボンは捨てられてしまうので、もったいない。でもリボンのないプレゼントは贈る人に対して失礼……。 リボンに関する特徴を書いていく。Aの欄を見ないで書く。	特徴 リボン型のメッセージカードなら、プレゼント購入後にじっくり書ける。贈られた相手も捨てない。 Aの欄とBの欄を見ながらまとめていく。
スケッチ OPEN! おめでとう!		最右欄を見ながら イメージスケッチ

実物（開いた状態）

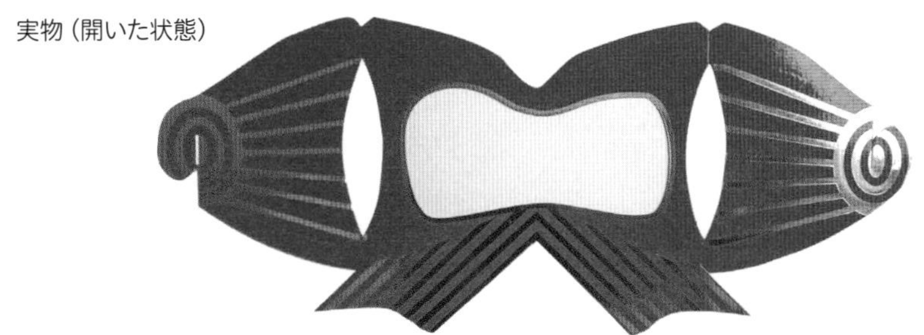

リボンカードを作ってみよう

●用意するもの

リボン、色画用紙、両面テープ

●使い方

メッセージを書いてプレゼントに貼る。

1

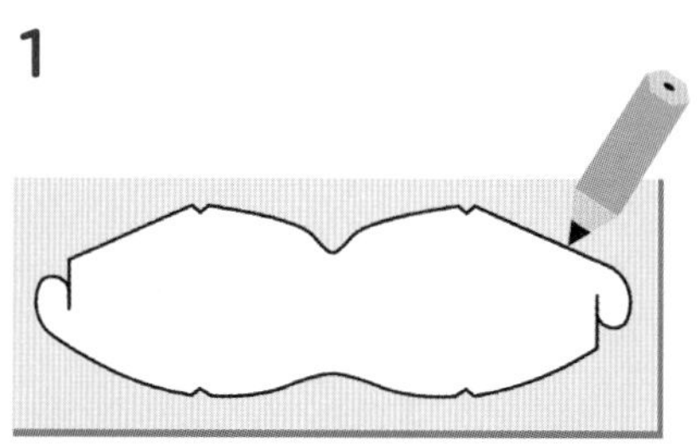

下の型紙をコピーして切り抜き、色画用紙にあてて鉛筆でなぞる。

2

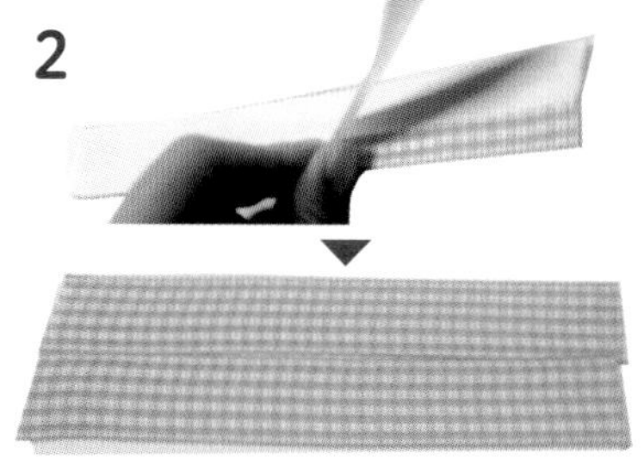

リボンの裏に両面テープを貼る。
鉛筆でなぞった色画用紙の裏にリボンを貼り付ける。

3

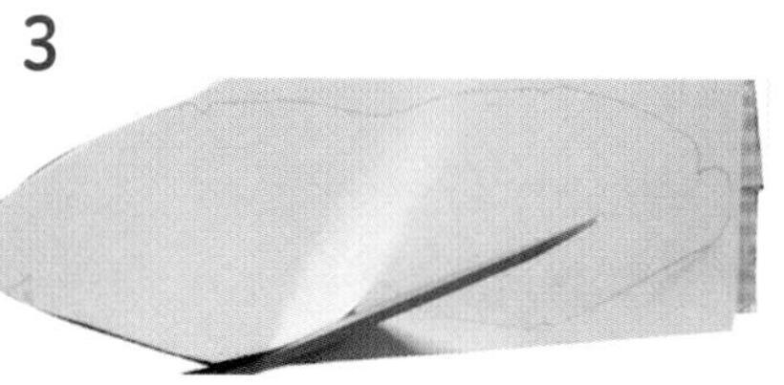

裏返しにして鉛筆でなぞったところをハサミで丁寧に切る。

4

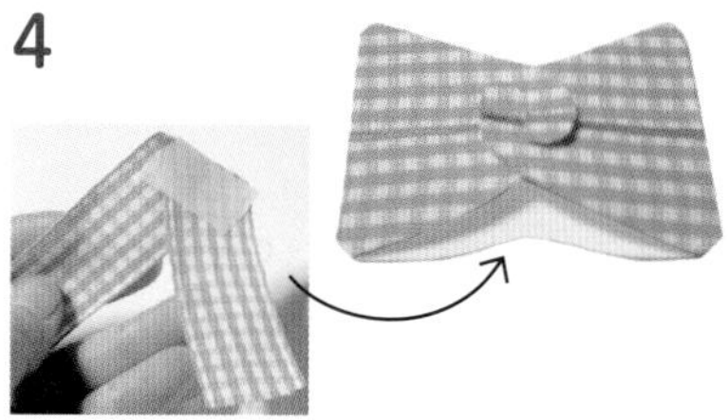

写真のように、くの字に折ったリボンを、裏面に貼り付ける。

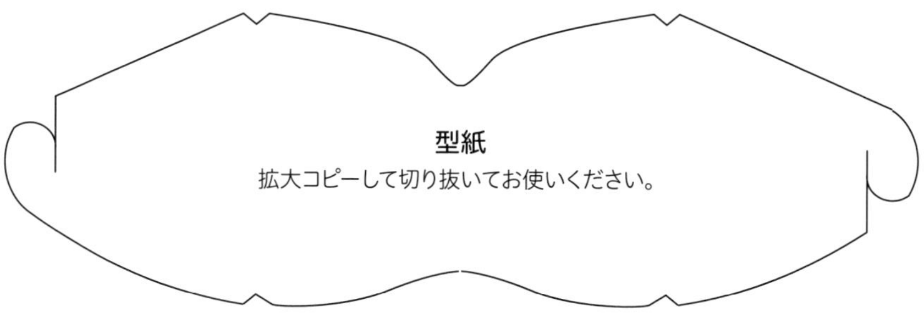

紙からフェルトなど異素材に応用

平面（紙）から立体にしていくことを試みてみましょう。素材を変えることで機能が変わり、新しいアイデア品になっていくのです。

フェルトの厚み、重さなど、どういったものが加工しやすいか、お手頃であるかなど、製造するときのことや値段のことなども考えながら作業すると、提案時に説得力が出てきます。

おまとめハンガーカバーを作ってみよう

フェルト素材を使ってハンガーをまとめるグッズ「おまとめハンガーカバー」の事例です。ここでは紙を立体的に使うという感覚を身につけます。

商品名

おまとめハンガーカバー

価格：1,000円（税別）
製造・販売：シンコハンガー株式会社

この商品を思いついたのは、クローゼットの整理をしていたことがきっかけでした。**発明には家事の体験、小さな発見が大事**です！

クローゼットを片付けているとクリーニング店のハンガーがたくさん出てきました。

最近は各自治体でゴミの分別が細かくなってきています。私の住んでいる地域では、「ハンガー」は月一回決まった日に出さなければなりません。しかも、どういう種類のゴミをいつ出せばいいか分別が複雑で、わからなくなってしまいました……。

捨てたところ、ゴミ収集車は持っていってくれなかったのです！

そんな、家事の困ったことから、「こうなったら捨てずに利用しよう！」と考えました。**逆転の発想**です！　数が多くて煩わしいものは、まとめて１つにすればいい！

その結果、コートなどの厚みのある衣類がかけられるハンガーができ上がりました。

［新聞紙で型紙作り］

ハンガーを新聞紙にあてて、マジックなどでなぞる。

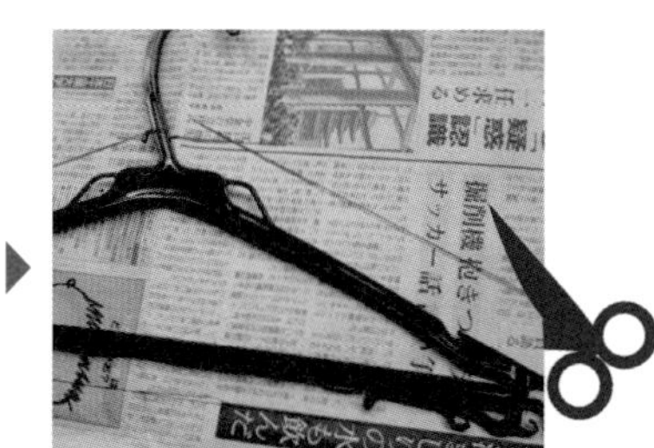

繰り返す

なぞった線を切る。ハンガーを当てて確認。新聞紙なら、フェルトを無駄にすることなく何度も修正できる。

［フェルトで試作品を作る］

切りっぱなしのままほつれ加工などが不要で、そのまま素材として使用できる便利なフェルト生地を利用しました。

折り返す部分を
セロテープで継ぎ足す。

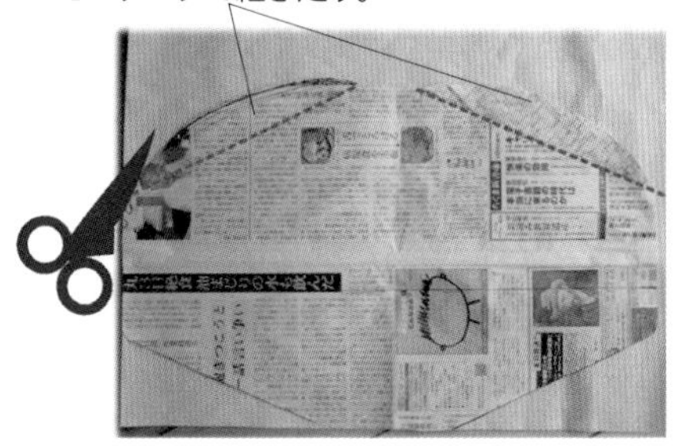

型紙に合わせてフェルトをカット。

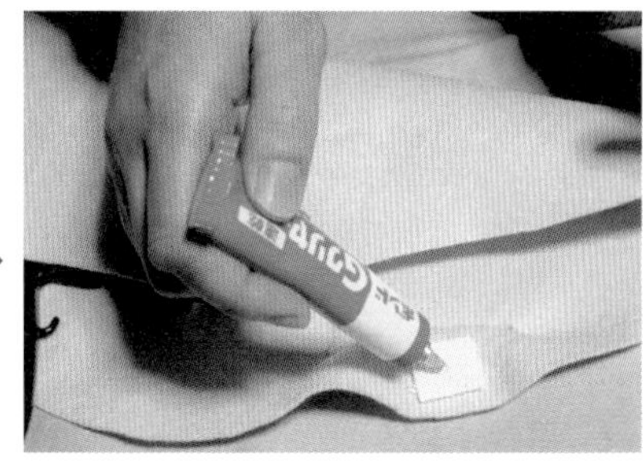

ボンドをベルクロテープに付け、フェルトに貼る。

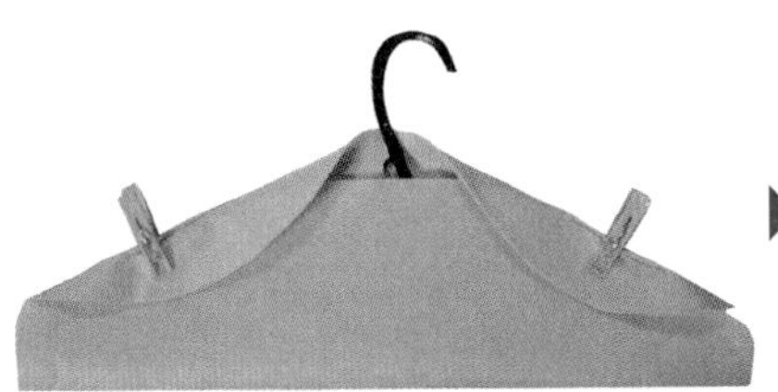

洗濯バサミで仮止めし、一昼夜乾かす。

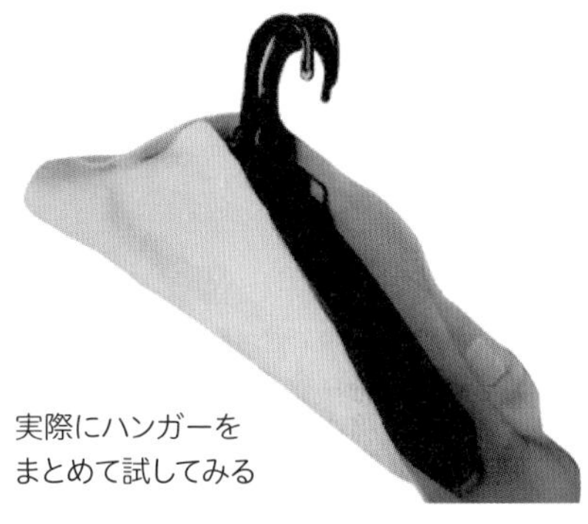

実際にハンガーを
まとめて試してみる

試して使ってまた手直し。これを繰り返し、満足できる仕上がりになったら、完成です。試作品が完成したら、次は「市場調査」と「先行技術調査」です。

既製品を利用して作成

市販されている製品を利用して、それを改良したり、素材を付加したりすることで、簡単に試作できる場合があります。

最近は持ち歩く人が増えてきたエコバッグ。買い物に行ってみると、荷物が多くなるときもあるし、少ないときもあります。

Mさんはあるとき「容量を変えられるバッグがあればいいのに！」と閃きました。

既存のエコバッグのサイド部分に、帯状の布を縫い付け、紐を通したことで、エコバッグへの収納物に合わせて、大きさが調節できるバッグになりました。

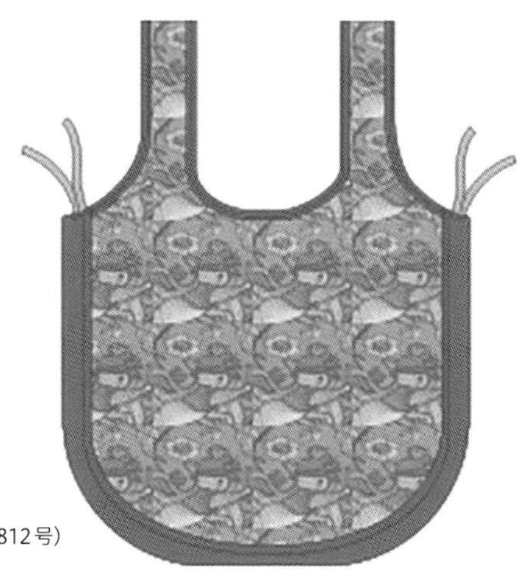

（実用新案第3136812号）

紙からPPシートに応用

同じ形状（デザイン）でも、素材が変われば品が変わります。素材自体の性質により、新たな機能が生まれることがあります。

PPシート（ポリプロピレンシート）、ナイロンシート、シリコンシート、金属シート、布、不織布、スポンジなどは、発明に適した素材です。

PPシートを利用した商品は、企業としては商品化に際し、金型などの大きな初期費用がかからない、小ロットで生産できる、などの特徴があります。

従って、比較的、採用される可能性が高いのです。

PPシートは厚紙やボール紙と同じように、ハサミやカッターで簡単に切ることができます。また、浅く切れ目を入れれば、曲げることが可能です。

試作品を作成するときは、まずは厚紙などで形を決め、性能を試したのちに、PP シートで再度作成してみるといいでしょう。
ファイル、収納ケースなど、PP シートで作られた商品はたくさんあります。

私の発明品「ペン先すーぴぃ」も、ボール紙で作成したのち、PP シートで試作品を作りました。

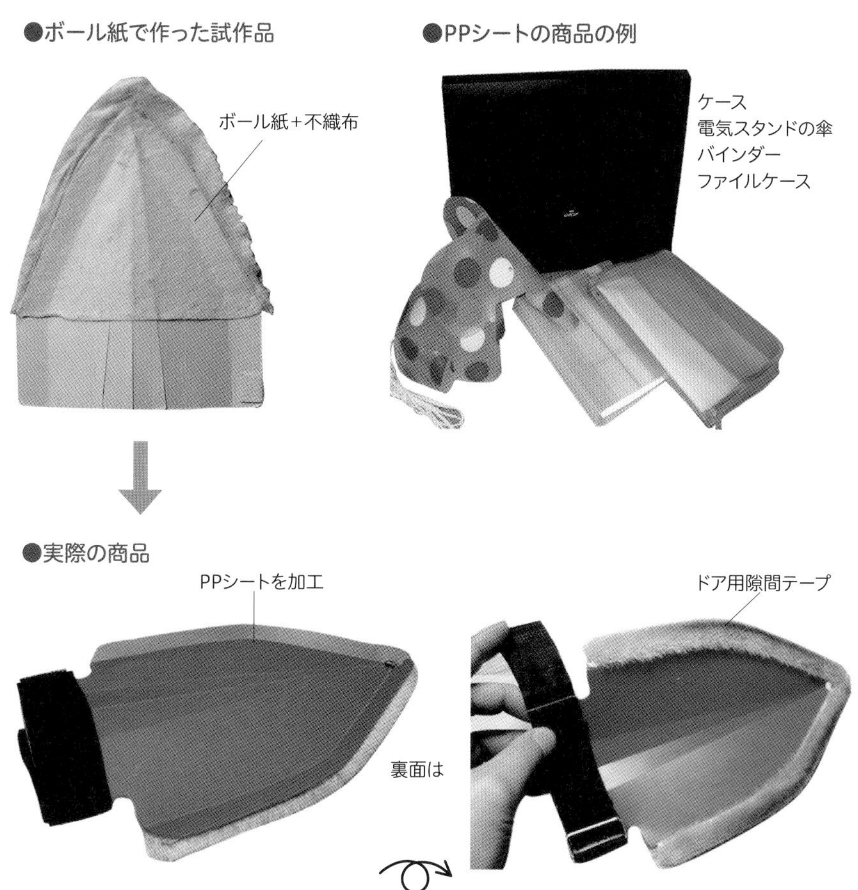

column

「ペン先すーぴぃ」物語〔試作編〕

掃除機をかけている最中に、拭き掃除も同時にできれば時間が短縮できるのに……。そう思いながら、隙間のホコリを吸い込もうと連結パイプを抜いたとき、「そうそう、ここ（連結パイプ部）に何か拭き掃除できる物が付いていれば、ホコリを吸い込みながらできるのよね……」と思いました。

その後、何日も「吸引＋拭き掃除」について考えていました。

そうしたら、夢を見ました。連結パイプ部分に、あらいぐまラスカルが貼り付いていたのです。

「そうか！　しっぽのような物をパイプに巻き付けて、それで拭けばいいんだ！」

目が覚めてすぐ、余り生地にスポンジを入れ、ラスカルのしっぽを作り、掃除機の連結パイプに貼り付け、ワクワクしながらスイッチを入れてみました。すると……。

ズボボボボ～～～～！

しっぽは、いきなり勢いよく掃除機の中に吸い込まれたのです！

「ああっ、負けてなるものか！」と、とっさにしっぽを引き抜こうとしましたが、掃除機の吸引力は強く、すごい音とともに吸い込まれていきました。

「だめだ～。この吸引力に負けない形状を考えないと……」

その日から、何度も何度も試作を重ねましたが、いっこうに良い案が浮かびません。

う～ん……。試作に疲れたとき、なにげなく紙ヒコーキを作って飛ばして遊んでいました。ふと「あれ !?　風を切るこの形、吸い込まれないかも？」と思いました。

さっそく厚紙で作った紙ヒコーキを掃除機の連結パイプに付けて、おそるおそるスイッチを入れてみました。すると……。

「おおっ、吸い込まれないっ！　これだ！」

　形状が決まったところでホコリを拭き取る掃除用不織布を貼り付け、「使い捨て」商品として試作品が完成しました。

　我ながら、素晴らしいアイデア！　日本人1億2000万人として、みんなが私の発明品を使ってくれるとすると……。

「ロイヤリティ1円でも、私に1億2000万円が入ってくるのでは!?」と、妄想が止まりませんでした。

　さっそくアイデア提案書を作成し、70社の企業に送りました。返事がくるのをワクワクして待っていました……。

（結果は「提案編」のコラムへ）

part 3

市場調査・先行技術調査のしかた

インターネットで市場調査

試作をして、アイデアが具体的になってきたところで、同じアイデアの商品がすでに出ていないか調査しましょう。

まずは手軽な方法で、インターネットで調べてみます。検索エンジンでアイデアの特徴を入力して検索します。

検索エンジンのみならず、ショッピングサイト（Amazon、楽天、Yahooショップなど）でも、アイデアの特徴、関連する言葉を入れ、丁寧にキーワード検索をします。

店舗に行って類似商品を探す

考えたアイデアが生活雑貨でしたら、大型店舗に出かけてみましょう。電気製品の場合は、大型電器店など、なるべく店舗数を多く展開しているところに行きます。

そして、自分のアイデア商品が売られるであろう商品棚に行き、類似商品がないか調査をします。

なぜ大型店舗なのかというと、商品数が多いので調査しやすい、ということもありますが、類似商品を出しているメーカーの調査もできるからです。

類似商品を出しているメーカーは、自分のアイデアの売り込み先にもなります。
　また、そのメーカーのホームページを確認し、店舗では売られていなくても、ホームページでは、類似商品が紹介されているかもしれません。

先行技術調査とは

　市場調査で、同じようなアイデア商品が見当たらなかったとしても、まだ油断はできません。
　先に特許などの権利の出願をしている人（会社）がいたら、権利は取得できません。そのアイデアがすでに特許庁に出願されてないか文献調査することを「先行技術調査」といいます。

　また、日本で出願するから日本国内の先行技術調査だけでいい、ということではありません。
　日本で出願するアイデアであっても、他の国で過去に出願されていたら権利が取れないのです。

　自分では世界中の特許は調べきれませんが、日本の特許庁に出願されているものだけでも特許情報プラットフォーム（J-PlatPat）で調べることができます。
　閲覧できる権利は「特許権」「実用新案権」「意匠権」「商標権」です。
　インターネットで検索するのと同じようにキーワードを入力すれば、それに適合するアイデアが検索・閲覧できます。

実践！　特許検索をしてみよう

私の発明品「ペン先すーぴぃ」をあなたが発明したとします。その際に、類似品があるかどうかを調べてみると仮定して、実際にどのように調べるのかを体験してみましょう。

「ペン先すーぴぃ」の特徴

1　掃除機につけるノズル
2　シート状のものを折り曲げて成形
3　縁（拭部）に繊毛素材を使用
4　面ファスナーで掃除機パイプに固定

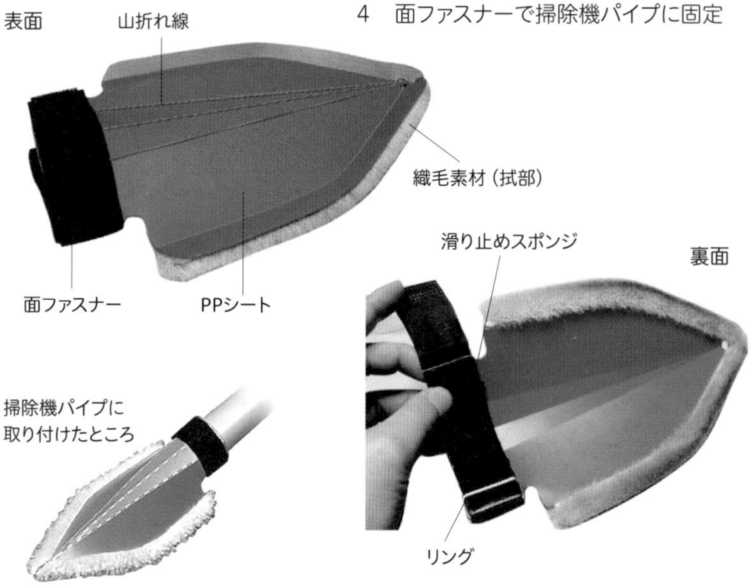

手順 1.　「特許情報プラットフォーム」にアクセスします。
https://www.j-platpat.inpit.go.jp

手順 2.　発明したもののキーワードを入力し「検索」を押します。

まず、特許や実用新案に出願を考えている人は、「特許・実用新案」を選びましょう。
「ペン先すーぴぃ」は、掃除機のノズルで、シートという形状が特徴の商品ですので、その3つのキーワードを入力してみます。単語と単語の間はスペースを入れてください。

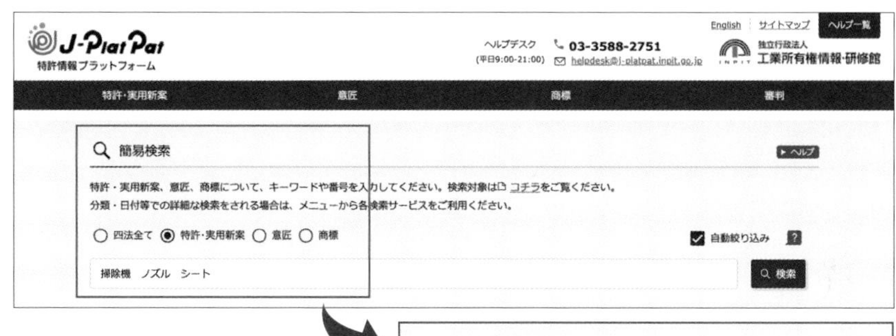

さて、検索をすると下記のように表示されます。まず見てほしいのが、件数です。
「62」と出ました。これが検索結果の数です。

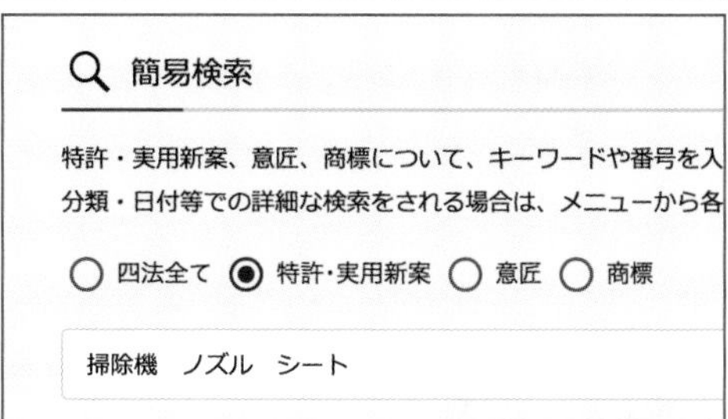

案件によっては、検索結果が1,000件を超える場合があります。その場合は、またキーワードを一つ増やし、また検索をします。私は100件以下にしてから、1件1件チェックするようにしています。

「文献番号」をクリックすると、内容を見ることができます。出願の文章は、難しい表現で書かれていますので、初心者の人は図面だけでも確認してみて、出願内容のイメージをつかむといいでしょう。

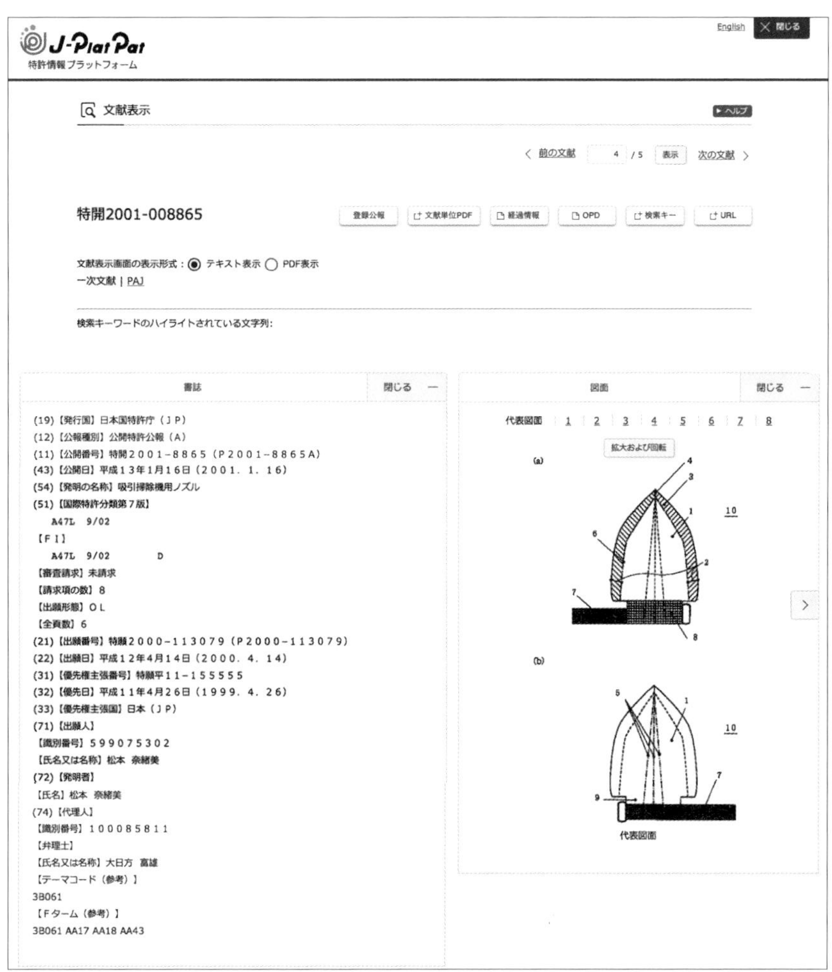

権利が取得できるアイデアとは

私の会社、発明ラボックスでは「出願費用全額出しますコンテスト・チザコンテ」というコンテストを開催しています。

出願費用を全額出すにあたって、特許取得が可能かどうかが大事なため、先行技術調査を経ていただくことが必要になります。

そのコンテストで応募者の人には、発明ラボックスオリジナルの「先行技術調査報告書」を提供しています。

これは、すでに出願されているアイデアの構成と、応募者のアイデアの構成とを見比べて、どこを避けたらいいかを一目でわかるようにしたものです。

本書の読者のみなさんがご自身で調査をする場合も、この考え方を参考にしてください。

ちなみに「チザコンテ」では、先行技術調査をした後に、すでに同じアイデアが出願されていたとしても、アイデアの修正が何度でも可能なので、修正の過程を通じて権利のポイントを理解することができます。

アイデアがどんどんレベルアップしていきますので、商品化を検討するメーカーからも応募者からも、とても好評を得ています。

さて、権利が取得できるアイデアについて説明します。特許は、基本的に**「新規性」と「進歩性」**がないと権利として認められません（詳しくは第4章をお読みください）。

新規性とは、これまでにない新しいアイデアということです。自分では今まで見たことがないアイデアだと思っても、すでに似たアイデアが出願されていれば新規性はありません。

進歩性とは、容易に考えつくアイデアではないということです。特許庁の審査官に「これは誰でも思いつきますね」と判断されると、進歩性がないということになり、新規性があったとしても権利は取得できません。

具体的に説明します。

自転車は、今や当たり前に使われている乗り物ですが、仮に、自転車があまり知られていない時代に、このような乗り物を考えたとします。

つまり、下記のような「二輪車」を考えた場合について説明します。

あなたの考えたアイデア「二輪車」は、以下の 4 つの構成を備えるものとします。

構成 1：2 つの車輪を備える。
構成 2：人が着座するサドルを備える。
構成 3：車輪を止めるためのブレーキを備える。
構成 4：2 つの車輪の向きを操作するハンドルを備える。

先行技術調査をして、このアイデア「二輪車」に関連する（または類似する）発明が記載された文献が 3 件（文献 1 ～文献 3）発見されたとします。

※文献とは、特許庁にすでに出願されていた書類をさします。

文献 1 には、本アイデア「二輪車」の構成 1（2 つの車輪）、構成 2（サドル）、構成 4（ハンドル）が記載されていました。

文献 2 には、構成 2（サドル）、構成 3（ブレーキ）、構成 4（ハンドル）が記載されていました。

文献 3 には、構成 1（2 つの車輪）、構成 4（ハンドル）が記載されていました。

上記の見つけた文献と、本アイデア「二輪車」の構成を、以下のような表にまとめてみました。

文献	構成1	構成2	構成3	構成4
1	○	○		○
2		○	○	○
3	○			○

この表を見ると、本アイデア「二輪車」の４つの構成すべてに○が付いている文献はありません。
４つすべての構成が記載されている文献はないため、本アイデア「二輪車」と同一の自転車を記載した文献はないということになり、新規性があると判断されます。

ただ、４つすべての構成が記載されている文献はありませんが、文献１に記載されていない構成３（ブレーキ）の記載が文献２にはあります。
文献１と文献２を組み合わせることによって、本アイデア「二輪車」は、容易に考えられると判断されると、進歩性がないと判断されます。

この新規性、進歩性の２つの条件がクリアされていないと、権利化は難しくなります。したがって、この「二輪車」のアイデアは権利化されるのは難しいと判断されます。

なお、以下の表のようになる場合は、新規性、進歩性があり、権利取得の可能性が高いと判断されます。
４つすべての構成が記載された文献がなく、構成３（ブレーキ）が記載された文献がないためです。

文献	構成1	構成2	構成3	構成4
1	○	○		○
2		○		
3	○			○

つまり、このアイデア「二輪車」を考えた時点で、「ブレーキ」という概念がこれまでになかったとしたら、権利化される可能性が高くなるということになります。

なお、権利化されるかどうかは、あくまでも**特許庁の審査官の判断**になります。

権利取得の可能性が高くても権利化できない場合もありますし、権利取得が難しそうでも権利化される場合があります。

今は特許庁（審査官）もインターネットを使用して情報のチェックを行なっています。

そのため、たとえば自身のブログや SNS などで、出願前のアイデアについて公開してしまっていたりすると、それを理由として新規性が認められないケースも出てきています。

また、特許取得後にライバル企業がそうした過去の記録をもとにして、特許無効の申し立てを行うといったケースもあります。

それだけアイデアは厳密にチェックされている、と認識しておくことが必要です。

権利取得のしかた

権利取得の前に

この章ではアイデアを保護するための「権利取得」について説明します。その前に「知的財産権」という言葉について知っておいてほしいと思います。

「知的財産権」とは、「産業財産権」や「著作権」など、人が創造したものに対して与えられる権利です。
「産業財産権」は、特許、実用新案、意匠、商標の４つの権利で、特許庁が所管しています。「著作権」は、創造的な文化の発展を目的とする表現を保護の対象としていることから、登録などしなくても創作した時点で権利が発生します。

産業財産権制度は、新しい技術、新しいデザイン、新しいネーミングなどについて独占権を与え、模倣防止のために権利を保護しています。

また、研究開発へのインセンティブを付与したり、取引上の信用を維持したりすることにより、産業の発展を図ることを目的にしています。
これらの権利は、**特許庁に出願し登録されることによって、一定期間、独占的に実施（使用）できる権利**となります。

一方の「著作権」ですが、**商品アイデアを著作権によって権利保護することは難しいのが現状**です。しかし、採用するメーカー側が承諾すれば、不可能ではありません。
実際に、私も「紙パズル」ゲームのアイデアが採用になったとき、特許などの権利が取りにくいので、「著作権」で契約をしたことがあります。

「アイデアが真似されている！」と感じたときは

「アイデアが真似されている！」と言って、相談に来られる人がいます。
他人の権利を侵害する行為は許されません。
しかし、権利を主張するときに気をつけていただきたいのは、**「産業財産権」のように権利範囲が明確なものを持っていないと、真似をしている企業に相手にされない**ことです。
警告書が出せれば、自分の権利範囲をどう真似しているのかを明確に示し、「真似するのをやめてください」と言えます。

特許を取得したいアイデアは、インターネットで公開したり、写真をばら撒いたり、誰でも見られる状態にしてしまうと、公に知られてしまい（**「公知」**といいます）、誰かに真似されてしまっても文句は言えません。
このような場合、いくら**自分が先に考えたからといっても、特許などの権利は原則として取得できなくなり、権利侵害とはならなくなる**のです。

また、たとえ権利を持っていても、類似しているものがすべて権利侵害をしているわけではない場合があります。
「私の特許権が侵害されている」と相談に来られた人の出願書類を読んでみると、権利範囲がとても狭く、その人の権利を侵害していないという場合がありました。

権利範囲とは、主張できる「権利」の範囲であり、その範囲は出願書類に具体的かつ明確に書いておく必要があります。

文章や図面によって権利範囲は決められていきます。私のこれまでの経験上、にわかに勉強して安易に自分で出願書類を書くのは避けたほうがいいと感じています。

この点においては、特許出願の専門家である弁理士にお願いするのがいいと思います。

権利の範囲は出願書類がすべて

土地（＝不動産）は「あなたの土地はここからここまで」と、図面などを用いて示しています。

不動産と同じように**「産業財産権（特許・実用新案・意匠・商標）」**も、個人や会社の**「財産」**になります。

権利も土地や建物のように視覚的に認識できればいいのですが、特許など「産業財産権」は、文章や図面を用いて「権利はここからここまで」と決める方法でしか示すことができません。

仮に特許が取れたとしても、範囲の狭い特許だと大きな財産にはなりません。範囲の狭い特許＝類似品が出やすい、ということになります。

特許などの産業財産権は**「文章と図面」で価値が決まる**といっても過言ではないのです。

そこで、アイデアを最大限幅の広い権利にするために、出願書類を知的財産の専門家である弁理士にお願いし、より良い出願書類にしてもらうのです。

不慣れな書き方で出願しようとすると、**権利にならない**どころか、出願したために**改良したアイデアの権利なども取れなくなる**こともあります。

出願は、思っている以上に重要なことであり、慎重にしなければならないことなのです。

失敗や後悔をしないためにも、特許出願は優秀な弁理士にお願いすることをお勧めしています。

弁理士にお願いしたほうがいい理由

権利を取得するために弁理士に依頼する費用を調べて、「高いな～」と思う人も少なくないと思いますが、高い金額を払うだけの価値があると思える仕事をしてくれます。

弁理士は、特許権、意匠権、商標権などのかたちで権利化するための特許庁への出願手続きの代理をしてくれる専門家です。

また、それらの権利を取り消し、または無効とするための審判請求手続き・異議申立て手続きの代理業務を行うなど、権利に関することを必要に応じてサポートしてくれます。

のちにトラブルが発生してしまい、その対応のために多額の費用を支出することを考えれば、最初の段階できちんと対策を立てていたほうが安かった……、ということになります。

権利出願を弁理士にお願いしたほうがいい 5 つの理由と、そのメリットを整理してみましたので、以下を参考にしてみてください。

弁理士に出願書類を依頼するメリット

1. 発明者の「代理人」になってくれる

特許など、出願されたものがそのまますぐに登録されて権利が取得できるわけではありません。審査官の審査を経なければならないのです。

審査官は、出願された事案について、過去に同じような出願がなかったか、本当に新規性のあるものなのかなど、さまざまな調査を行います。

この審査に問題なくスムーズに通過すればいいのですが、しばしば審査が通過せず、拒絶理由通知（出願を拒絶する旨の審査結果報告）が出されます。

これに対して弁理士は専門的な検討を行い、その拒絶理由通知が解消するよう意見書や補正書を作成し、権利化のための手続きを進めます。

この意見書や補正書の内容を審査官が納得すれば、審査に通り、ようやく権利を取得することができるのです。

2. 審査請求の期限を忘れない

特許は出願すれば登録されるというわけではないと述べましたが、出願してから 3 年以内に審査請求をしなければ、特許を取得することができません。

その期日などについて特許庁はわざわざ知らせてくれません。しかし、弁理士に管理も依頼することで、大切な期日を忘れることがありません。

3. 登録料の支払いを忘れない

特許などの権利が取得できた場合、登録料を定期的（権利の種類によって期間は異なります）に特許庁に支払い続けなければ、権利は維持されません（失効してしまいます）。

ところが、特許庁はその支払い時期を通知してくれないのです。

個人で出願した人に多いのがこの「登録料の払い忘れ」です。この払い忘れによって権利が消滅してしまいます。

弁理士に代理人になってもらうと、登録料の時期を通知してくれるので安心です。

4. 特許侵害時に味方になってくれる

特許がメーカーに侵害されたりした場合、権利の範囲を一番よく知っているのが、代理人の弁理士です。

弁理士は、発明や考案、意匠の範囲がどこまで及ぶか、商標が類似しているか否かについて鑑定しますが、これらの業務は法律上、弁理士・弁護士以外はできません。

また、弁理士・弁護士は特許庁の見解を求めるための代理人として、判定請求を行うこともできます。

特許を侵害していると思われるメーカーに対して、個人で「真似しないでください」と言っても無視されることが多いのですが、弁理士からの意見書、鑑定書などは無視することができません。

5. メーカーが安心して契約できる

権利を広く保護してもらうために、さまざまなワザがあります。

たとえば、特許の出願で拒絶されても他の権利で救われるように、出願書類に意匠図面を入れておいたりします。

また、意匠権の出願で広い権利を抑えるために、「部分意匠」「関連意匠」などでカバーするなど、さまざまな出願の仕方があります。

こうしたことをアドバイス、サポートしてくれるのが弁理士です。

やはり、専門家に任せたほうが強い権利となり、その権利を採用するメーカーにとっても安心感が違います。

私の経験上、個人の書いた出願書類、明細書はメーカーに採用されにくいのが実情です。

特許権・実用新案権・意匠権・商標権の違い

1. 特許権

特許とは「技術的思想」の創作で高度のものに与えられます。「物」または「方法」について特許を取得することができます。72 ページに特許権取得の流れを図解しましたが、以下が主なポイントです。

⑴ 特許庁に出願内容の審査請求をして、認められたら権利が取得できます。出願しただけでは取得できません。
⑵ 権利存続期間は出願日から 20 年間。

●特許権を取得するための基準とは？

特許を取得するには、単に特許庁に出願すればいい、というものではありません。

下記の基準がクリアされているか、特許庁に「出願審査請求」を出して審査してもらい、問題なければ取得することができます。

その審査基準を満たせば取得できますが、満たさない場合には、出願が拒絶となる理由が記載された通知が送られてきます。

審査の基準は以下のようになっています。

基準1　産業上利用できること

特許制度は産業の発展のために設けられていますので、産業に利用することができる発明に限られています。

基準2　新規性のある発明であること

特許は新規性のあるものに認められますので、以下のものには認められません。

1. 特許出願前に日本国内または外国において公然と知られた発明（公知）。
2. 特許出願前に日本国内または外国において公然実施された発明（公用）。
3. 特許出願前に日本国内または外国において領布された刊行物に記載された発明、または電気通信回線を通じて公衆に利用可能となった発明。

よく「外国で見かけたアイデア商品が日本では見かけたことがないので、日本の特許に申請したい」といった相談をされることがあります。

しかし、この基準 2 における「公用」に該当する内容ですので、権利としては認められません。

基準3　進歩性のある発明であること

通常の人が容易に思いつくような発明に対して特許を与えることは、社会の技術の進歩に役立たないばかりでなく、妨げになる場合があるので、特許付与の対象にはなりません。

なお、上記の基準 1 ～ 3 の例外として、一定の条件を満たした場合には、新規性が喪失していても、特許権を取得することができます。

●特許権取得の流れ

発明家

出願書類提出

【書面手続きをした場合】
電子化料金の納付

未納付の場合は出願却下

出願審査請求書提出
※出願から3年以内

未提出の場合は出願取り下げ

登録料納付
※特許権を存続させるための年金納付
※未納の場合、権利消滅

維持年金料納付

特許庁

出願書類の受領

出願番号通知

方式審査

補正指令

手続補正書提出

※補正指令の発送日～指定された日以内に提出
未提出の場合は出願却下

出願公開
※出願から
1年6ヵ月経過後
公開特許公報

実体審査

拒絶理由通知

意見書・手続補正書提出

拒絶査定

「査定不服審判請求」もできますが、それでも登録査定にならない場合は、特許権の取得はできません。

登録査定

設定登録

特許公報の発行

特許権消滅
※出願日から20年

延長登録は最長25年

2. 実用新案権

実用新案の保護対象は「考案」であり、考案とは自然法則を利用した技術的思想の創作です。前項で説明した発明のような高度性は必要ないとされています。いわゆる「小発明」と呼ばれるものです。

特許法とは異なり、実用新案法では、「方法」を除外した物品の形状、構造または組み合わせにかかわる「考案」のみを保護の対象にしています。

以下が主なポイントです。

(1) 出願内容自体については審査がなく、出願すれば基本的に実用新案権が発生します。ただし、「方式審査」と「基礎的要件についての審査」はありますので、注意が必要です。「方式審査」とは申請が手続的、形式的に要件を満たしているかどうかについての審査です。「基礎的要件についての審査」とは実用新案登録出願が満たすべき要件です。

(2) 存続期間は出願日から 10 年間。

実用新案権は、内容の実体審査（新規性・進歩性等に関する審査）がないままで「権利」が付与されますが、メーカーに提案するときは、「技術評価書」を特許庁に請求し、それを添付するとそのアイデアに信用性が増します。

また、実用新案権に出願したアイデア（考案）に類似する商品の差し止めをしたい場合も、「技術評価書」を取得しなければ相手企業に警告書が出せません。

実用新案権を取得するための基準とは？

内容については無審査なので、出願すれば権利取得はできますが、技術評価の審査基準は、先述の特許権のところの基準 1 ～3と同じです（「発明」を「考案」に変えてください）。

●実用新案権取得の流れ

発明家

特許庁

出願書類提出

出願書類の受領

出願番号通知

【書面手続きをした場合】
電子化料金の納付

未納付の場合は出願却下

基礎的要件の審査
方式審査

補正指令

手続補正書提出

※補正指令の発送日～指定された日以内に提出
未提出の場合は出願却下

設定登録

登録料納付
※実用新案を存続させるための年金納付
※未納の場合、権利消滅

実用新案公報の発行

出願公開
登録実用
新案公報

【実用新案の有効性を明らかにしたい場合】

実用新案権技術評価の請求

・誰でも請求可能
・技術評価は誰でも閲覧可能
・出願以降いつでも請求可能
※権利消滅後も可能
・請求があった旨は公報掲載

実用新案技術評価書

維持年金料納付

実用新案権消滅
※出願日から10年

3.意匠権

「意匠」という言葉を辞書で調べると「美術、工芸、工業製品などで、その形、色、模様、配置などについて加える装飾上の工夫。デザイン」（大辞泉）とあります。

つまり、特許権や実用新案権では機能や品質の優秀さが保護され、意匠権では工業デザインが保護されます。

以下が主なポイントです。

⑴ 出願書類を提出すれば、自動的に審査をしてくれます。

⑵ 存続期間は出願日から 25 年間。

意匠権を取得するための基準とは？

特許庁に登録されるものは工業上利用できるものに限ります。美術、工芸品、または自然物を主体としたものは意匠権の対象にはなりません。

画像（ネットワークを通じて提供される画像など）、内装、光の模様も、保護対象となります。審査基準は以下の通りです。

基準1　物品の形状（物品の部分を含む）、模様もしくは色彩またはこれらの結合であって、視覚を通じて美観を起こさせるものであること。

液体、気体、流動体、半流動体など個体でないものは登録できません。

また粉状物、粒状物のような不定形なものも登録はできません。

基準2　新規性を有すること

すでに出願前に同一の意匠が公にされている場合は登録できません。

すでに商品化した物、インターネットなどで公開してしまった物は意匠登録ができません。必ず出願してから公開しましょう。

ただし、出願日から 1 年以内の公開でしたら、「新規性喪失の例外規定の適用」手続きを特許庁にて行うことによって、権利取得は可能となります。

●意匠権取得の流れ

発明家

特許庁

出願書類提出

出願書類の受領

【書面手続きをした場合】
電子化料金の納付

未納付の場合は出願却下

出願番号通知

方式審査

補正指令

手続補正書提出

※補正指令の発送日～指定された日以内に提出
未提出の場合は出願却下

実体審査

拒絶理由通知

意見書・手続補正書提出

拒絶査定

「査定不服審判請求」もできますが、それでも登録査定にならない場合は、意匠権の取得はできません。

登録査定

登録料納付
※実用新案を存続させるための年金納付
※未納の場合、権利消滅

設定登録

意匠公報の発行

出願公開
意匠公報

維持年金料納付

意匠権
※出願日から25年

基準3　創作性があること

ありふれた形状や模様にもとづく場合、三角形、長方形、円、水玉模様など、容易に創作できると認められるものは登録できません。

4.商標権

「商標」は商品やサービス（役務）に付けるネーミングやマークを「商標権」で保護するものです。個人でも商標権を取得していることによって、その名称（ネーミング）を買ってくれる企業もあります。

以下が主なポイントです。

⑴ 出願書類を提出すれば、自動的に審査をしてくれます。
⑵ 存続期間は設定登録日から 10 年間となっていますが、10 年ごとに期間を延長するための更新登録申請を行い、所定の登録料を納付すれば、10 年間ずつ期間を更新することができます。したがって、商標権は実質的に半永久的に存続させることができます。

商標権を取得するための基準とは？

特許権、実用新案権、意匠権と違うところは、それが公開されていても、先に登録されていなければ登録できるということです。

いくら先に使用していたからといっても、先に登録された人に権利が付与されますので、気をつけてください。取得できる基準は下記になります。

基準1　商品やサービスにつける名前やマークであること。

他にも立体商標、動き商標、ホログラム商標、色彩のみからなる商標、音商標、位置商標など、多岐にわたり商標権が与えられます。

基準2　普通名称や慣用商標、識別力のない商標でないこと。

基準3　他人の名称等や公序良俗に反する商標、他人の業務と混同を生ずるおそれのある商標などでないこと。

●商標権取得の流れ

発明家		特許庁
出願書類提出 →		出願書類の受領
	← 手続補完命令	
【書面手続きをした場合】 **電子化料金の納付** 未納付の場合は出願却下	手続補完書提出 →	
	←	出願番号通知
	←	方式審査
	← 補正指令	
	手続補正書提出 → ※補正指令の発送日〜指定された日以内に提出 未提出の場合は出願却下	
	←	実体審査
	← 拒絶理由通知	
	意見書・手続補正書提出 →	
	← 拒絶査定 「査定不服審判請求」もできますが、それでも登録査定にならない場合は、商標権の取得はできません。	
	←	登録査定
登録料納付書提出 → ※商標権を存続させるための年金納付 ※未納の場合、権利消滅 未納付の場合は出願却下		
	←	設定登録
	出願公開 商標公報	← 商標公報の発行
維持年金料納付		

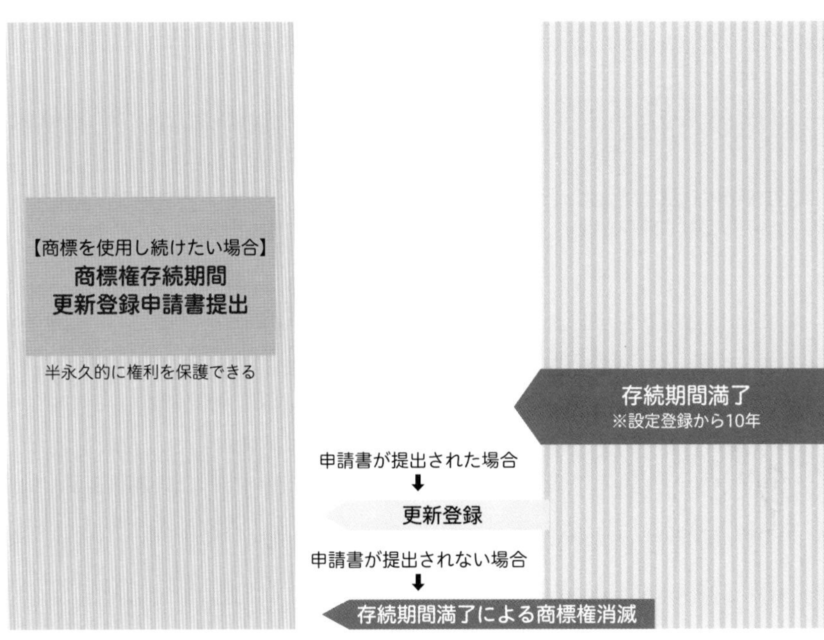

公開特許公報の基本知識

特許庁に出願書類を提出すると、特許は出願日から１年６ヵ月経つと自動的に公開されます。他の権利は登録されると自動的に公開されます。

公報に記載されているのは下記の内容です。

・番号情報（出願番号、公開番号、広告番号、登録番号）
・出願人、権利人情報
・日付情報（出願日、公開日、広告日、登録日など）
・技術情報（特許、実用新案の請求の範囲、要約、発明の名称）
・技術分類情報

特許が公開されると、出願書類とともに住所、名前が公開されます。そうすると、「あなたのアイデアを企業に売り込みます」という内容の DM がたくさん送られてきます。

初めて出願した人は、何をどうしていいのかわからないので、ついその会社へ電話したり、依頼したりしてしまいがちです。

こういった案内にはくれぐれも注意してください。高額な金額を請求されて、トラブルになることがあります。

発明をしたときと同じように、まずは自分で情報を検索し、企業にアプローチしてください。売り込みは自分自身でできますので、諦めずに自分からアタックしていきましょう。

どの企業に商品化してもらうかというのは、商品が世に出ていくうえでとても重要なことですので、最初から人任せにせず、まずは自分で理想的な提案先の企業を探しましょう。

part
5

アイデア提案書の作成のしかた

アイデア提案書

アイデアを発想し、試作品を作り、市場調査・先行技術調査を経て、権利出願書類を作成。特許庁に提出したら、いよいよ企業へアイデアを提案するときがきました。

「アイデア提案書は、どのように書けばいいですか？」

この質問が実はとても多いのです。

たしかに、相談に持ち込まれた提案書を拝見すると、失礼ながら、どのようなアイデアなのかさっぱりわからない……、というケースが少なくありません。

この章では提案書の具体的な例も載せてありますので、参考にしてみてください。

提案していい権利状態

特許に関しては**「出願中」**という状態で提案していいのですが、実用新案、意匠、商標に関しては、メーカー側は**権利確定後**でないと受け付けてくれません。

提案する前に、まず権利状態を確認して提案しましょう。

メーカーに売り込むにあたっては、提案書だけで、あなたの発明品に興味をもってもらわなければなりません。

いわば「未承諾提案書」ですから、開封する担当者は読む気満々ではありません。メーカーに送るからといって、「専門の方だから、読めばわかるだろう」といった想像は、たいへんな間違いです。

私が提案書を作るうえでいつも心がけているのは、**「中学一年生でも理解できる」レベル**です。つまり、誰が読んでもアイデアの内容が理解できるような提案書を作成することです。

後のほうで、提案書を作成するコツを紹介しているので、参考にしてみてください。

提案先企業はどこで見つけるのか

試作をした後に、市場調査や先行技術調査をしますが、これらの調査をしているときに**売り込めそうなメーカー名、連絡先などを控えておきます。**

似たようなアイデアを出願しているメーカーでの商品化は十分あり得ることです。

また、私が初めに考えたアイデアは掃除機のノズル「ペン先すーぴぃ」でしたが、このアイデアが商品になっているところをイメージし、大型のマーケットに行き、「ここで売られるだろうな」と想像できる売り場（＝商品棚）を探しました。

この**「大型のマーケット」**の**「商品棚」**ということがポイントです。

なぜなら、大型店舗に入っているメーカーは、その店舗の商品棚に自社の商品を並べるスペースを持っている（確保している）ということなので、たくさん販売される可能性が高いからです。

その商品棚から、いくつか商品を買ってきます。パッケージにはメーカー名、連絡先が記載されているので、控えておきます。

企業の誰宛に送ればいいのか

送り先の宛名は「**商品開発　ご担当様**」もしくは「**社長様**」です。企業の規模によって、どちらにすればいいか考えて送ります。

大きいメーカーであれば「ご担当者様」。規模が小さいメーカーかな？と思ったら「社長様」。社長宛にする場合は、ホームページなどで社長の名前を調べて書くといいですね。

ここで、どんな人が商品化を検討するのか想像してみましょう。

商品開発部の社員？
日々の仕事の合間に読むのかな？
→文字だけでなく図や写真も使って
説明しよう。

社長さん？
年齢はおいくつぐらいなのかな？
→文字は大きめにしておいたほうが
よさそう。

アイデア提案書の効果的な構成

アイデア提案書を作成するには、**「共感」「興味」「納得」**という3つのポイントを意識することが大切です。

人の思考回路に沿った提案書を作ります。

①アイデアのきっかけ
どんなときにどのような不便を感じたのか。

共感　「ああそういうことは、よくあるね……」と共感を誘導する。

↓

②アイデアの特徴（構造）
「アイデアのきっかけ」を納得させたうえで、構造を説明する。

興味　「それで、どうやってその問題を解消するんだろう……」

↓

③アイデア品の使い方
具体的な使用方法、使用しているシーン等、さらにわかりやすく説明する。

納得　「なるほど、それはとても便利だ」と興味を倍増させる。
不便が解消されて、すっきりした感じを表現する。

アンケートを利用する

発明品を考えたときに、周囲の人にアンケートをお願いすることがあります。アンケートの戻りがある程度の数（20人以上）集まったら、グラフや表にして企画書に添付します。

自分の発明品の「動機」が独りよがりでないことを伝える目的もありますが、ユーザーコメントは、メーカーの商品開発にはとても貴重で、興味をもって読まれるからです。

●アンケート用紙の例

おそうじペン　使用した感想

性別　　　　　　　　　　年齢

家族構成

当てはまるものに○をつけてください。

Q1. 説明書を見なくても掃除機に装着できましたか？

装着できた　・　装着できなかった　・　その他

感想がありましたらお書きください。

Q2. おそうじペンを使用した感想をお書きください。

とても便利　・　まあまあ便利　・　必要ない

感想がありましたらお書きください。

ご協力ありがとうございました。

発明品に名前をつけよう

売り込みをするときには、発明品に名前をつけましょう。企業の担当者にイメージが伝わりやすくするためです。

わかりやすく、簡潔で、覚えやすい名前を考えましょう。発明の特徴がネーミングによって印象づけられ、興味をもってくれることがあります。

良いネーミングを考えたら「商標登録」をしておくのもいいと思います。

メーカーでの商品化が決まったときは、特許などの権利とともに「商標」も契約できる可能性があります。

【説明的ネーミング】

説明的な名前で商品内容を伝えることができます。ダジャレを使ったネーミングもありです。

例：おまとめハンガーカバー

この発明品の形状だけでは何に使うのかわからないが、名前を「おまとめハンガーカバー」とすることで、使い方が想像できる。

「おまとめハンガーカバー」

【イメージ的ネーミング】

名前からのイメージ（想像）で、どんな商品なのか、それを使用してどうなるのかが伝わります。

例：ARUKUTOMO（アルクトモ）

杖に装着するショルダーベルト。これを使うことで杖を落とす心配がなくなり、「歩くとも！」と思えるような元気なイメージ。また「歩く人のお供（友）に」ということで、いつも支えになるというイメージ。

【説明的＋イメージ的ネーミング】

具体的な形状の説明と使い方のイメージの組み合わせです。

例：ペン先すーぴぃ

ペン先の形状をしていて、す〜っとホコリを吸い込んでしまう、というイメージ。

「ペン先すーぴぃ」

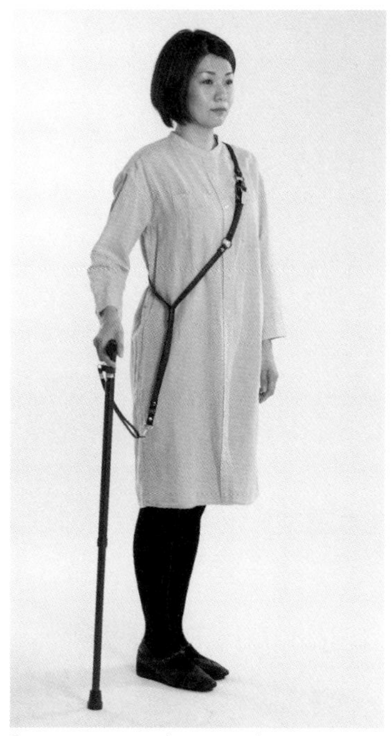

「ARUKUTOMO（アルクトモ）」

写真撮影のコツ

スマホやデジタルカメラで撮影してパソコンに取り込み、提案書に写真をレイアウトする方法がおすすめです。

写真の良し悪しで印象が変わってきますので、手を抜かずに工夫して良い写真が撮れるように頑張りましょう。

パソコンが使えなくても、写真を撮って、それを切ったり貼ったりして、企画書を作成してください。

手書きの提案書の場合には、作成したものを原本として手元に残しておき、カラーコピーして送付しましょう。

背景に気をつける

雑多な背景、発明品と関係ない背景だと、見せたい発明品がぼやけてしまいます。

背景色に気をつける

発明品が目立つように背景の色を選びましょう。

明るさや彩度に気をつける

写真は「明るく、ハッキリ」写すことを心がけてください。印象が違ってきます。

ピントボケに気をつける

ピントがボケていると、商品の良さ、細部の構造が十分に伝わりません。

雑誌や広告を参考にした構成

提案書の書き方として参考になるのが、通販雑誌や広告です。

通販雑誌は、紙面だけで購入者に興味をもたせなければなりませんので、さまざまな工夫がされています。

みなさんも、通販雑誌を見ていて、つい欲しくなってしまうことはありませんか？

また、広告も同様で、小さなスペースで興味を引くような工夫がされています。

こういった紙面を見て、自分が欲しくなった商品の宣伝が、どういった写真とどういった文章で、どのように表現されているのか研究してみましょう。

私は、次に紹介する 3 つの方法で作成しています。

動画の原理をつかった「連写式」

映像で使い方を示したほうがわかりやすい……、と思って動画や DVD などを企業に送っても、見るのに手間がかかるので、見てもらえない可能性が多いと思ったほうがいいでしょう。そんなときは、提案書に、写真を並べて説明してみましょう。

見せたい部分を強調「全体像から拡大部分」

ポイントになる部分を拡大した写真は、興味を引きつける効果があります。拡大部分を手で隠してみてください。説明文だけでは、なんのことかわかりません。ポイント部分を拡大することによって、さらにわかりやすくなります。

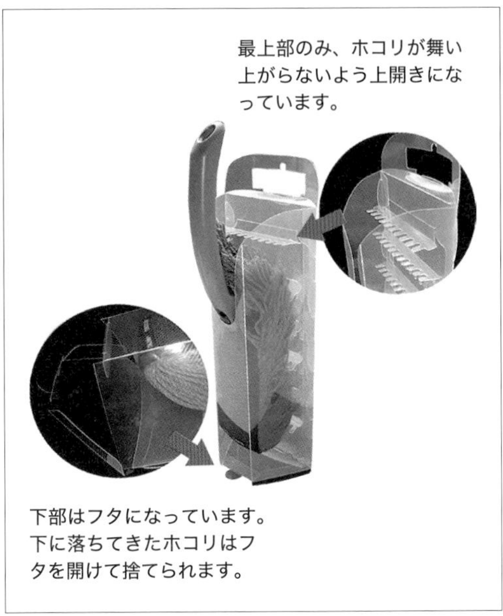
最上部のみ、ホコリが舞い上がらないよう上開きになっています。

下部はフタになっています。下に落ちてきたホコリはフタを開けて捨てられます。

便利そうな雰囲気を見せる「風景式」

使用している場面の写真を入れることで、便利さがすぐに伝わるよう心がけます。

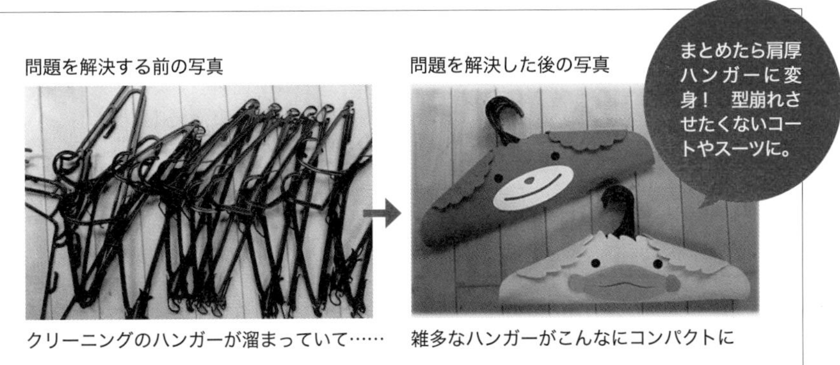
問題を解決する前の写真

クリーニングのハンガーが溜まっていて……

問題を解決した後の写真

雑多なハンガーがこんなにコンパクトに

まとめたら肩厚ハンガーに変身！　型崩れさせたくないコートやスーツに。

提案書作成例［表紙］

ホッチキスなどで書類一式をまとめてください。

発明の名称（わかりやすいネーミング）

権利状態

おそうじペン

特許出願中

2020年●月●日

松本奈緒美
〒000-0000　東京都XX区XX X-XX-X
電話番号：00-000-0000　FAX：00-000-0000
メールアドレス:naomi@XXXXXX.co.jp

連絡先明記

日付明記

提案書作成例［発明の動機・きっかけ　発明品のしくみ］

「そういうことは、よくあるな」
と読み手の共感を誘う。

発明名称、日付は
各ページに明記する。

おそうじペン

2020年●月●日

発明の動機・きっかけ

①
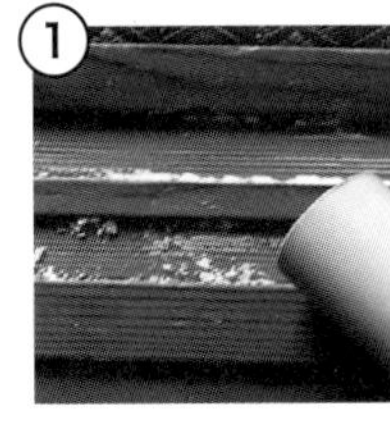

②
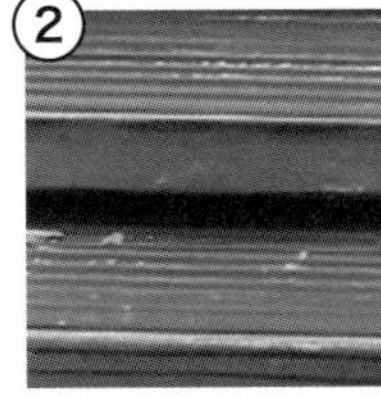

③

掃除機をかけている最中、ホコリを見つけたとき、つい、写真のように掃除機の連結パイプを抜いて、ホコリを吸い込もうとします。しかし、よく取れないため、この後に拭き掃除をします。吸引掃除と拭き掃除がいっぺんにできる掃除具があれば、便利だと思いました。

発明品のしくみ

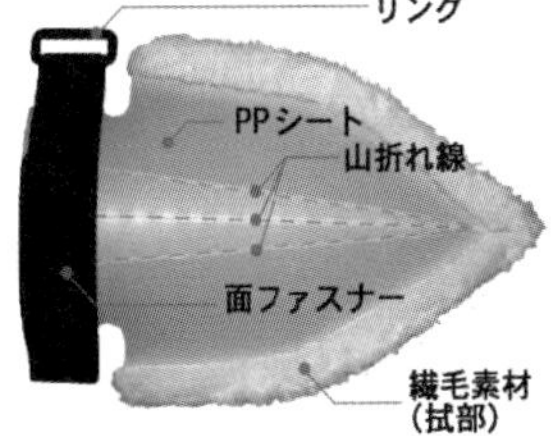

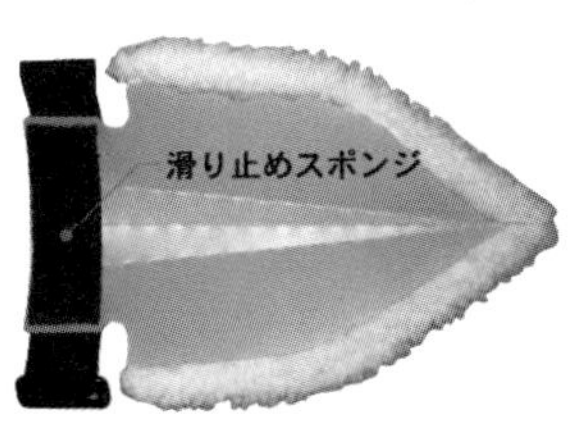

拭きながらホコリを吸引できる掃除機用ノズルを制作しました。本体をPPシートにし、縁に掃除用のボアが接着してあります。これを掃除機の連結パイプに巻きつけるだけで、柔らかいノズルになり、ホコリを吸引しながら拭き掃除ができます。

「それで、どのように解決するの？」と
興味をひく。

提案書作成例［発明品の使い方　発明品の特長］

写真を使って、使い方をわかりやすく説明する。

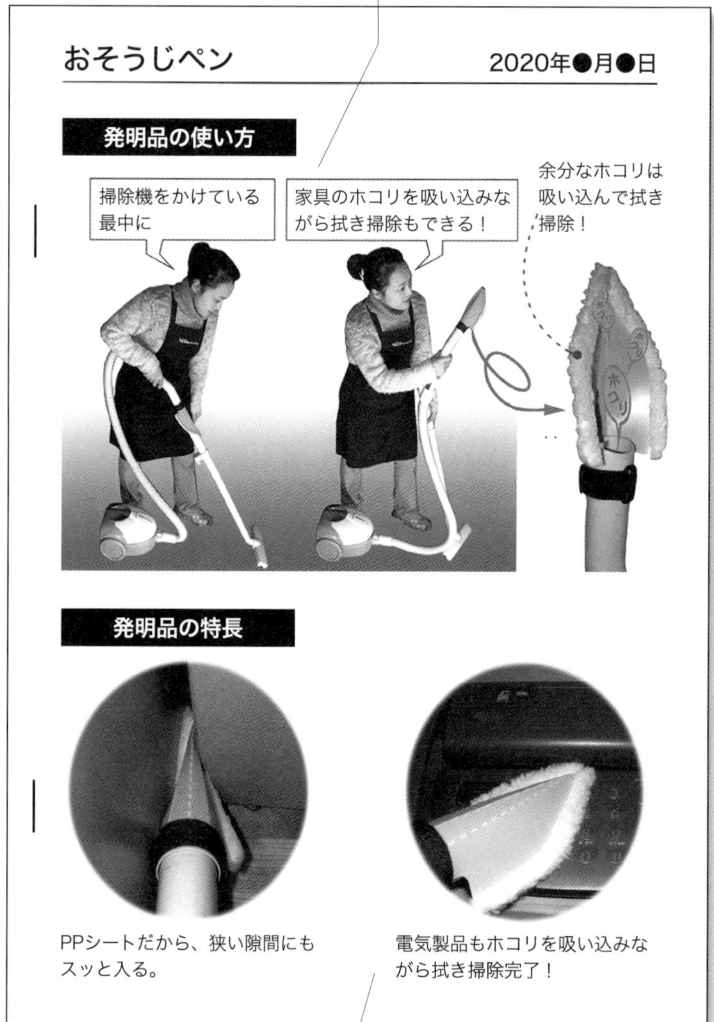

問題が解決したスッキリ感を出す。
「なるほど便利！」と、共感を意識する。

挨拶文の書き方

挨拶文は、ビジネス文章としてふさわしい文面で、わかりやすい内容にしましょう。

挨拶文から、ロイヤリティ契約をしても問題ない「人柄」なのか、ということも判断されますので、なるべく丁寧な文章を心がけてください。

良いアイデアだからと、伝え方に何かトゲを感じさせたり、押し付けるたりするような内容にならないよう、気をつけましょう。

売り込みのときのマナー

メーカーは、アイデアに興味をもった後は、人物（発明者）もチェックします。

売り込みが強引な人やアイデアに自信満々な人に対しては、「アイデアはおもしろいけど、発明者が問題だね。商品化はやめておこう」ということになりかねません。

商品化する場合は、メーカーにとっては長い付き合いになるのですから、検討するのはアイデアだけではありません。

後々トラブルになりそうな予感がした時点で、「関わらないほうがいい。やめておこう」ということになります。

くれぐれもマナーを守り、相手を気遣う気持ちを忘れずに対応してください。

挨拶文例

○○株式会社
商品開発　ご担当様

拝啓　時下ますますご清栄のこととお慶び申し上げます。

私は発明を趣味とする主婦です。御社の座敷箒は他社にはない使い心地で、我が家ではなくてはならないものになっております。そのようなわけで、御社は私にとって憧れのメーカー様です。

さて、今回、私自身の体験から考えたアイデア「おそうじペン」のご紹介をさせていただきたく、お手紙を差し上げました。

「おそうじペン」とは、掃除機をかけている最中に、拭き掃除もできる「掃除機のノズル」です。試作品を作っては周囲の人にも確かめてもらいながら、約2年間、試行錯誤をしておりましたが、先日、特許も無事取得できました。

アイデア提案書を添付しましたので、御社の商品としてご検討をいただけましたら幸いに存じます。

もしご興味がございましたら、試作品などもお送りしますので、お返事をいただけますでしょうか？　ご多忙の折に、たいへん恐縮ではございますが何卒宜しくお願い申し上げます。

御社ますますのご発展をお祈り申し上げます。

敬具

2020年●月●日
松本奈緒美
〒000-0000　東京都新宿区○○0-00-00-000号室
電話番号：000-0000-0000
メールアドレス：0000000@gmail.com

※携帯メールは、パソコンからのメールが届かない場合もあるので、gmailやyahooメールなど、パソコンからのメールでも受け取れるようなアドレスを持ちましょう。

NG! **アポイントなしで、突然、会社を訪問し、「アイデアを見てください」と言う。**

会社での業務は毎日、忙しいものです。自宅に見ず知らずの人がやってきて、「これ、良いものだから見てください。買ってください」と言われたら迷惑ですよね。それと同じことです。気持ちが熱くなりすぎて「見てもらうまで帰りません！」と言って、社長さんを激怒させた事件がありました。根性は「社会に役立つ発明品を作る」というところだけにしましょう。

NG! **電話で「すごく良いアイデアを考えたので●千万円で買ってください」と売り込む。**

実際にあった話です。ここまで極端でなくとも、製造コストや販路など決まらないうちに、良いアイデアだからと、いきなりロイヤリティ金額の話をする人はけっこういます。採用の可能性があるような発明品であっても、企業側ではコスト計算から始まり、生産計画、製造など、時間がかかるものです。高まる気持ちを抑えて、相手のことを考えた行動をしましょう。

不採用通知だった場合

お断わりの返事にヒントがあります。

アイデア提案書を送って 3 ヵ月ぐらいすると返信があります。わたしは 70 社に送って全部断られ、食事もできないほど落ち込みましたが、その断りの返事のなかにヒントが隠されていることを見いだしました。

断りの返事には、おおまかに分けると 3 つあります。

【1】当社では外部からのアイデアを採用しません。
【2】あなたのアイデアには新規性がありません。
【3】あなたのアイデアは、●●●の理由で商品化できません。

【1】は、知財部があるような大企業からの返事が多いです。私の経験上、大企業は外部からアイデアを採用することは、滅多にないと思っています。

【2】は、市場調査、先行技術調査が甘かったのかもしれません。もし、類似商品だと間違われやすいものがあれば、あえてその商品の写真を添付し、違いを説明する提案書に書き直して再度チャレンジするのもいいでしょう。

一番重要視したいのが【3】です。なにかしらの理由が示してある返信です。この断りの理由をじっくり読み、受け止め、改善して試作品を修正してみるのです。

うまく改善できたなら、もう一度、断りの返事をいただいた担当者に直接送ってみることをお勧めします。わたしはすべて断られた後、この方法で商品化に成功しました。

試作品の送付を求められた場合

できれば、試作品を直接メーカーに持って行きましょう。
「試作品を御社へ持参したいのですが、いかがでしょうか？」
と、お伺いを立てて、訪問するのが一番良いと思います。

文面でうまく説明できなかったところを口頭で説明することでカバーできたり、自分の人柄を見ていただいて安心していただけたりします。

アイデアが良いから採用してもらえるという前提はありますが、人となりを見て信頼してもらうということも、採用における一つの要素です。

ただし、本当に「送っていただければけっこうです」と言われた場合は、無理強いせずに、指示された通り、試作品だけを送るようにしましょう。
その代わり、試作品の回収については、「自分が取りに伺います」などと交渉し、直接お会いできるチャンスを作る、といったことを考えておくといいでしょう。

ちなみに、貸しっぱなしで時間が経過してしまわないように期間を決めて返却してもらうようにしましょう。返却期限については、先方の都合もありますので、最短でも１ヵ月はみてください。

特許申請中の場合、真似されてしまったら不安という人もいるでしょう。特許庁に出願した書類は一緒に添付しないように注意してください。
理由としては、権利が確定していない段階ですので、大切な情報をまだ何も話が進んでいない相手に見せることで、権利侵害をしないような仕様で類似商品を出されてしまう懸念があるからです。
そのためにも、メーカーの担当者とお会いして話ができるように努力しましょう。

万が一、試作品などをもとに真似されてしまったら、特許が確定していて法的に権利侵害に当たる場合は、裁判を行うこともできます。
裁判で権利侵害が認められた場合は、真似された商品の売れた分のロイヤリティが、自分に入ってくる可能性もあります。

しかし、以前「試作品が真似された」という相談があったとき、その人の出願書類を拝見したところ、**ご自身の試作品が権利で抑えられていない**（出願書類に不備がある）ということがありました。

提案先で商品化の検討に入ったら

「商品化に向けて進めてまいります」と連絡があった場合は、**商品開発に入る**ということになります。**ライセンス契約に至る前段階**です。

商品開発は、商品化する物によっても違いますが、3ヵ月程度の短いものもあれば、1年以上かかるものもあります。

そこで、メーカー側に確認しなければならないことは、このまま他社に売り込みを続けてもいいのか、ということです。

「他社には売り込みをしないでください」と言われた場合は、**契約期間を1年程度に定めた「共同開発契約書」を交わす**のをメーカーに提案してみます。

●共同開発契約書サンプル

あくまでもサンプルですので、実際に共同開発契約書を作成する際は、出願をしてくれた弁理士や、弁護士などの専門家に相談するといいでしょう。

共同開発契約書

発明花子（以下「甲」という）と株式会社○○（以下「乙」という）とは、本日、次のとおり契約する。

第1条（目的）
甲が発案した「おそうじペン」に関する製品（以下「本件製品」という）に関し、甲及び乙は、商品化できるよう共同で開発をする（以下「本件共同開発」という）。

第2条（研究成果の帰属）
本件共同開発の成果のうち、本件製品の「おそうじペン」の構造に関する部分は、甲に帰属する。

第3条（出願）
1. 本件共同研究の成果に基づく特許権、実用新案権の出願は甲が行うものとする。
2. 乙、及び乙の提案先企業へ、前項の出願に関し、その従業員（出向社員、関連会社社員を含む）との間で、特許を受ける権利等を譲り受けるために必要な契約等が締結されていることを保証する。

第4条（秘密保持）
甲及び乙は、本契約に関して、別途、秘密保持契約書を締結する。

第5条（契約の解除）
甲乙の一方が、次の各号の一つに該当したときは、相手方は、何ら催告することなく本契約を解除することができる。
1. 支払停止、手形の不渡り、保全処分、強制執行、破産、民事再生手続等の申立てがあったとき。
2. 本契約の各条項の一つにでも違反したとき。

第6条（誠実義務）
甲又は乙は、本契約に規定なき事項又は解釈に疑義ある事項については、信義誠実の原則に従って、甲乙協議の上、これを解決する。

第7条（有効期間）
1. この契約の有効期間は、2020年●月●日から1年間とする。
2. 期間満了の30日前までに、甲・乙のいずれからも別段の意思表示がないときは、本契約は同一の条件で自動的に更新し、爾後も同様とする。

第8条（訴訟管轄）
本契約に関する紛争については、東京地方裁判所を第一審の専属的合意管轄裁判所とする。

本契約の成立を証するため本契約書を2通作成し、甲乙各記名押印の上、各1通を保有する。

2020年●月●日
甲：住　所
　　氏　名　　発明花子

乙：住　所
　　会社名　　株式会社○○

商品化が決定したら

商品開発を経て、いよいよ商品化が決定した場合は、「ライセンス契約書」を交わします。

私の場合は、ライセンス契約をする場合は、**契約期間を1年など短めに設定する**ことにしています。

契約期間を定めることによって、とても売れた、または売れなかった、などの状況によって、次の契約更新時期に改めて交渉できます。

契約の内容は自由です。決まりはありませんので希望することを伝えてみてはいかがでしょうか？

しかし、売れるかどうかわからない時点ですから、まずはスムーズに契約を交わすことをお勧めします。

●ライセンス契約書サンプル

あくまでもサンプルですので、実際にライセンス契約書を作成する際は、弁護士などの専門家にお尋ねください。

ライセンス契約書

発明花子（以下「甲」という）及び株式会社○○（以下、「乙」という）は、ライセンス契約（以下「本契約」という）を次の通り締結するものとする。

（定義）

第1条　本契約において、次の各号に掲げる用語の定義は、当該各号に定めるところによるものとする。

(1)「本件特許等」とは、次に掲げる日本国特許出願、実用新案登録出願、意匠登録出願並びにこれらについて成立した特許権、実用新案権、意匠権をいう。

① 特許出願
発明の名称

② 実用新案登録出願
考案の名称

③ 意匠登録出願
意匠に係る物品

(2)「本製品」とは、その時点における本件特許等に属する　　　　　をいう。

(3)「本件商標」とは、次に掲げる商標をいう。

商　　標：　　　　　　　　　　出願・未出願
出願番号：
登録番号：

(4)「契約半期」とは、本契約有効期間中の各年4月1日乃至9月30日及び10月1日乃至翌年3月31日をいう。ただし、最初の契約半期は、本契約締結日から2020年3月31日又は2020年9月30日まで、最終の契約半期は、本契約の満了日又は終了日を終期とする期間とする。

(5)「乙の子会社」とは、乙が直接又は間接に発行済み議決権付き株式の過半数を所有する会社をいう。

（実施許諾）

第2条　甲は、乙に対し、本件特許等に基づき、本製品を製造（第三者に対して下請け製造させる場合を含む）、販売その他の処分をする独占的実施権を許諾するものとする。
2　甲は、乙に対し、本件商標を本製品に対して使用する独占的使用権を無償で許諾するものとする。
3　乙は、第1項の実施権及び第2項の使用権に基づき、乙の子会社に対して再実施権及び再使用権を許諾することができる。この場合、乙は再実施権者、再使用権者に対して、第3条乃至第5条を除き、本契約により乙が負う義務と同様の義務を負うこととする。

（契約金及び対価）
第3条　乙は、前条第1項の本件特許等の実施許諾の対価として、次に定める契約金及びランニング・ロイヤリティを甲に対して支払うものとする。
(1) 契約金
本契約の契約金額は仕様書別表に定めるとおり、　　円（消費税を含む）とし、支払い方法は　　　とする。
(2) ランニング・ロイヤリティ
乙または乙の再実施権者の販売した本製品の総売上の　　%。

（支払い方法）
第4条　乙は、前条に定める契約金に消費税を加算した金額を、本契約締結日から30日以内に甲に対して現金にて支払うものとする。
2　乙は各契約半期中に発生した前条のランニング・ロイヤリティに消費税を加算した金額を、第5条に基づく乙の報告に従って、当該契約半期末日から40日以内に甲が乙に交付する請求書に基づき、契約半期末日から2ヵ月以内に甲に対して現金にて支払うものとする。

（実施報告）
第5条　乙は、各契約半期末日から30日以内に、当該契約半期に販売した本製品の販売数量、総売上高及びランニング・ロイヤリティ額を、甲に対し書面にて報告するものとする。
2　乙は、前項の報告事項につき適正な帳簿を作成し、保管するものとする。

（帳簿閲覧）
第6条　乙が第5条に基づいて甲に提出した実施報告書につき、甲において疑義ある場合、甲は乙に対して説明を求め、また必要に応じ甲又は甲の委託者が前条第2項の関係帳簿を閲覧できるものとする。
2　甲及び甲の委託者は、前項により知り得た乙の秘密事項について第三者に対して漏えいしてはならず、本契約の履行に用いる他、いかなる用途にもこれを利用してはならないものとする。
3　本条の規定は、本契約の有効期間にかかわらず、各実施報告書の受領後2年間有効とする。

（対価の不返還）
第7条　乙は、本契約に基づいて乙から甲に支払った対価については、いかなる事由による場合でも、甲に対してその返還を要求しないものとする。但し、明らかな誤計算に基づき支払いが行われた場合、甲は乙に正しい対価との差額を無利子で返還するものとする。

（実施権の設定登録）
第8条　乙は、甲の書面による承諾を得た場合を除き、本契約により許諾された実施権及び使用権を登録してはならないものとする。

（本件特許等の有効性）
第9条　甲は、本件特許等を成立させ、また成立した本件特許等を維持するために最善の努力を払うものとする。

（改良発明等）
第10条　乙は、乙が行った本件特許等の改良に係る発明、考案、意匠等について取得した産業財産権について、甲に対して非独占的通常実施権（再実施権を含む）を、甲乙別途協議のうえ定める公平かつ合理的な実施許諾条件に基づいて許諾するものとする。

（拒絶確定の通知）
第11条　甲は、本件特許等について拒絶すべき旨の査定又は審決が確定したときは、速やかに乙に通知するものとする。

2　甲は、本件特許等について、特許権の設定登録がなされた場合、その旨乙に通知するものとする。

（特許表示等）
第12条　乙は、本製品又はその包装に本件特許等の表示をする場合、甲の事前の承諾を求めるものとする。
2　乙は、甲より要請があった場合は、本件商標の使用事実を証明する資料を甲に提出するものとする。

（有効期間）
第13条　本契約の有効期間は、本契約の締結日から1年間とする。但し、有効期間が終了する1ヵ月前までに、甲又は乙から書面による相手方への申し出がない場合には、自動的に1年間更新されるものとし、以後も同様とする。

（解約）
第14条　甲は、乙が本契約の各条項の一つにでも違背し、その是正を求める甲の通知の受領後1ヵ月以内にかかる是正を行わない場合には、前条の規定にもかかわらず乙に対しその旨通知することによって本契約を解除でき、かつ甲は上記違背により受けた損害を乙に補償させることができる。

本契約締結の証しとして、本書2通を作成し、甲乙記名押印の上、各1通を保有するものとする。

2020年●月●日

甲：住　所
　　氏　名　　発明花子
乙：住　所
　　会社名　　株式会社○○

ロイヤリティ金額の相場

ホームセンターやスーパーマーケットなどで販売する、私が発明した生活雑貨でいただいてきた金額は、以下の通りです。

契約金（15 万円～ 30 万円）＋メーカーの卸価格×個数×3%

生活雑貨に関しては、安価でないと売れないので、どうしても薄利多売になってしまいます。そうすると、ロイヤリティ金額も抑えられがちになります。

しかしながら、ロイヤリティ金額に決まりや相場などはありません。メーカー、発明者の双方が納得したパーセンテージなら、何も問題はありません。私も、高額で販売できる物は、6% のロイヤリティをいただいている商品もあります。

メーカーに出願費用を出してもらった場合

契約の内容は自由ですから、実は特許権などの権利を取得しなくとも、販売した個数に応じてお金をいただく、というインセンティブ契約は可能です。

メーカーから、「松本さん、出願にはお金がかかるでしょう。私どもで権利出願しますよ」と言われ、アイデア提案だけで、ロイヤリティ（インセンティブ）契約を交わしたことは、何度もあります。

そのときは「なんてありがたいお話なんだ！」と思いましたが、やはり、うまい話はないもので、少し商品の仕様を変えるなどした適当な時期に、ロイヤリティは打ち切られました。

勘違いしやすいのですが**「発明者」は「権利者」ではありません。発明の「権利者」は「出願人」です。**出願や登録にかかるお金を支払う人なのです。先ほどのケースは一例であり、契約内容はあくまで自由ですから、作戦を立てて契約内容を考えることも大事でしょう。

column

「ペン先すーぴぃ」物語〔アイデア提案編〕

発明を始めたばかりの頃、私は毎週土曜日曜に、10 ～ 20 部ずつアイデア提案書を作り、1 ヵ月の間に 70 社ほどに送付しました。

商品化の話がたくさん舞い込んできたらどうしよう !?　そうしたら契約金が一番高いところにしよう。……と思ったり、「あそこの会社は、契約金の額をこのぐらいで提示してきましたよ」と、駆け引きが必要になってくるのかしら、などと妄想がとまりませんでした。
「これで私も大金持ちになれる！」と自信満々だったので、はじめて返事がきたときは、これはきっと採用通知だ、と疑いもせず開封した覚えがあります。

しかし、読んでみると「社内で検討した結果、残念ながら、不採用となりました」という内容……。
「えっ !?　でも、まだあと 69 社あるしね」と、気を取り直しましたが、くる返事すべて「不採用」の通知。
10 通目くらいから、開封して「不採用」の文字を見るたびに、涙が出てきました。たくさんの不採用通知がくるとショックも大きいものです。はじめて知りました。
不採用通知が届くたびに、布団にふせって泣いているので、そういう日は、我が家に夕飯はありませんでした。家族も大迷惑の日が続きました。

届く返信の内容が毎回「不採用」なので、ぐしゃぐしゃにして、ポーーーンと、ゴミ箱に投げ入れてしまったことがあります。
でも、この手紙を送ってくれた担当者の手間を想うと、急に申し訳なくなってきました。ゴミ箱から手紙を取り出し、シワをのばしました。

読んでみると、断りの理由が書いてあります。

冷静になって、これまで届いた不採用通知をまとめてよく読んでみると、そのなかに「一回ごとの掃除で掃除具を捨てるのは、環境保護の点で望ましくない」という不採用理由を見つけました。

「もしかしたら、使い捨てじゃないように改良したら、まだ希望がもてるかも！」

そう思い直し、PP シートでまた試作したところ、「洗えるノズル」という、新しいコンセプトの掃除機用ノズルになりました。

その断りの返事をいただいたメーカーに再度提案すると、なんと「商品化の検討をします」という、嬉しい返事がきたのです！

商品の販売のしかた

ロイヤリティ契約ができたら

メーカーとロイヤリティ契約ができたら、自分も卸価格で仕入れられるように交渉してみましょう。

その商品を仕入れて自分で売ってみると、販売利益も入ってくるので、在庫を抱えずに自分が発明した商品を販売することができます。

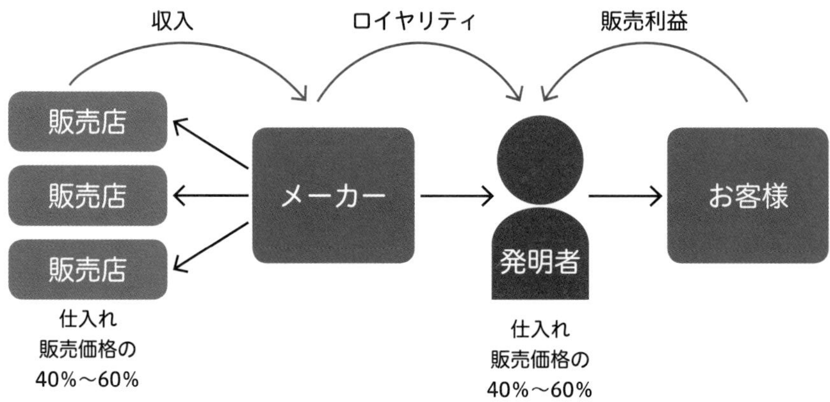

独自のサイトを作りたい場合は、ショッピングカート機能（インターネット販売に必要なシステム）を無料で貸してくれるサービスがたくさんあります。

そうしたサービスのなかから、自分に合ったものを選び、販売することができます。

自分だけのこだわりのサイトで、ブランディングを行い、戦略的に販売していくことが手軽にできます。

インターネットを活用して販売実績を作っていきましょう。

インターネットが苦手な人は、ショップなどに営業をして、委託販売で置かせてもらうという方法もあります。

知り合いのお店があると置いてもらいやすいでしょう。

ただし、お店側で十分なスペースがない場合もあるので、見本だけ作り、それを置いてもらう方法もあります。
「これは見本品です。欲しい方はこの注文票に記入して、店員さんにお渡しください」という説明を添えておきましょう。
見本を置いてもらうスペースもない場合は、カタログのようにした冊子を置いてもらうよう相談してみましょう。
商品が高額な場合も、この方法は役立つと思います。

置いてもらった商品が好評であれば、そのお店にとっても、お客様に喜ばれたり集客効果があったりして嬉しいはずです。
積極的に紹介したり、販売したりしてくれるかもしれません。

ロイヤリティ契約ができなかったら

手作り品販売サイトで売ってみよう

手作りした商品を販売できるサイトとして、「ミンネ」や「クリーマ」というサイトがあります。いずれも登録は無料で、簡単に販売ができます。
自分でホームページを作って宣伝しなくても、たくさんのユーザーがこのサイトを見ていますので、全国の人に向けて発信することが可能です。
こうしたサービスを利用して、手軽に販売することができます。

minne（ミンネ） https://minne.com/
Creema（クリーマ） https://www.creema.jp/

自分でも作成できるシンプルな形状のものなら、このような手作りサイトで販売して、利益を出している人がたくさんいます。
私の会社「発明ラボックス」でも、ミンネを利用してアイデア品を販売していますが、商品写真を綺麗に撮ることが売れるコツです。

フリーマーケットで売ってみよう

名の知れたお店で売ることができなくても、自分で売ってみるのも販売実績を作ることになります。自分で売ることによって、消費者の生の声を聞くチャンスも得られます。

お店ではなくても、フリーマーケットで販売してもいいのです。

フリーマーケットはさまざまな場所で開催されているので、そういった場に参加できれば、どこの地域でどんな物がよく売れて、どんな物がぜんぜん売れないのか、など知ることができます。

「けっこう、これ、売れるなあ」という感触を得たり、「こういうふうにしたらもっといいんじゃない?」といった、お客様の声をいただけたりもします。

そうした経験が次の展開や発明にもつながっていくので、自分で売ってみるのは大事なことです。フリーマーケットに出店するのが難しいのであれば、友達に販売するのでもいいのです。

販売することで得られた販売実績やお客様の声は、メーカーに売り込みを行うにあたって有効な資料を作るのに役立ちます。

購入者には、商品についての意見を聞くだけでなく、可能ならアンケートを書いていただくといいでしょう。

メーカーにアイデア提案をするとき、それらのコピーを添付しておくと、説得力が増して、興味を示してくれます。

著作権について注意すべきこと

ハンドメイドショップで販売している人からの、「こんなとき、どうしたいいのか?」という質問にお答えします。

Q かわいいファブリック生地（オリジナルのテキスタイル）を購入して、その生地で洋服を作って販売した場合、権利侵害になりますか？　またどのようにすれば販売できますか?

A 生地の端に、デザイナーの名前が入っている、またはブランド名が入っている場合は、商用利用を禁じられている場合が多いので、やめたほうがいいでしょう。

どうしても利用したいなら、生地メーカーに問い合わせするのをお勧めします。販売店に警告書が届くと、予告なく販売が中止されることがあるのでご注意ください。

Q ハンドメイド作品そのものだけでなく、その作り方も合わせて権利化できますか?

A 手作り品に関する作り方自体を権利にするのは難しいのですが、真似されたくない場合は、「個人で楽しむ以外の利用を禁じます」などの表記を入れたり、紹介しているウェブページや説明書に「コピーライト」表示をしたりしておくと、抑止になるかもしれません。

Q ハンドメイドのバッグを作る際に、生地の一部にディズニーなどのキャラクターがプリントされたものを購入して使うのは違法？　合法？

A ディズニーなどのキャラクター生地は、個人で作って楽しむぶんにはいいのですが、その生地で作ったものを販売すると、著作権違反として、権利者から警告書が届く場合があります。

Q ハンドメイド製品を作る際に、市販品を加工して付加価値をつけて製品化する場合、市販品の製造・販売会社に対して、どのような手続きが必要でしょうか？

A 購入したものを、加工して販売するのは問題ありません。

たとえば、購入した帽子を加工して日除けカバーをつけるなどして販売するのは、著作権違反にはなりませんが、ブランド名やメーカー名が記載されている帽子の場合は、商標の侵害になる可能性があるので、そのメーカーに確認してください。

以前、有名な会社の複数の柄の壁紙を購入して商品にしていた人がいたので、メーカーに確認したほうがいいですよ、とアドバイスしたところ、「この柄はかまわないが、この柄の商用利用はダメです」と、答えがあったそうです。

メーカー側の事情もあるので、やはり確認したほうがいいですね。

プレスリリースを書いてみよう

せっかく発明品が出来上がっても、商品は宣伝しないと売れません。その商品の開発物語などをメディアに取り上げてもらえると、良い宣伝になります。

それを実現するために、「プレスリリース」というものを作り、配信してもらえる会社を利用して、メディアに流してもらう方法があります。

また、テレビ番組でも情報を募集していますので、ダメもとで積極的に情報提供してみましょう。

テレビ局には、あちこちからプレスリリースがたくさん届きます。プレスリリースを送っただけでは、ちゃんと見てもらえないことがあります。

プレスリリースを出すとともに、とくに取り上げてもらいたいメディアや番組には、再度個別で情報提供を行うようにしましょう。

テレビ番組での紹介で良い反響が得られると、他のテレビ局やメディアからも問い合わせが来たりします。

また、次の商品を出したときにも取り上げてもらいやすいなど、テレビ番組で紹介される効果は大きいです。

テレビ番組での紹介に向けて、チャレンジしてみましょう。

次ページにプレスリリースの参考例を載せました。このように発売元の企業が制作、発信することもあります。自分で作る場合も、同じ要領で制作すれば問題ありません。

テレビ局に商品情報を提供してみよう

商品を取り上げてもらいたい番組のホームページを見ると、「情報提供はこちら」などと出ていて、問い合わせ窓口がある場合があります。

そこに、アイデアをわかりやすく説明した資料を送ってみると、意外にも取り上げてもらえることがあります。

テレビ局側としては「主婦発明家」は関心の高いポイントです。他のネタと比べるとチャンスは大きいので、諦めずにトライし続けましょう。

テレビの場合は取材を希望されることが多く、「自宅を撮影させてください」と言われる可能性もあるので、その準備はしておいたほうがいい

PRESS RELEASE
新商品のご案内

2020年●月●日
発信元：○○株式会社

ホコリを吸引しながら拭き掃除も完了する！
主婦が発明した新型掃除機ノズル

おそうじぺん

○○株式会社（代表　発明太郎）は、この度、ホコリを吸引しながら拭き掃除もできる、新しいタイプの掃除機ノズル「おそうじぺん」を、○月より新発売いたします。

「おそうじぺん」は、掃除機の連結パイプの外側に装着できる構造になっています。通常の掃除機ノズルは、パイプ内側に入れ込む形状になっていますが、この「おそうじぺん」は、掃除機の連結パイプの外側に面ファスナーで巻きつける、これまでにない新しい装着方法のノズルです。

この方法により、掃除機連結パイプを抜くことによって、手軽にホコリを吸引しながら拭き掃除まで完了します。水拭きやモップによる掃除を別途することなく、掃除機をかけている動線で拭き掃除ができるアイテムです。

【発想のきっかけ】

主婦の松本奈緒美さんは、掃除機をかけている最中に、拭き掃除まで完了したいと思っていました。試行錯誤して試作を繰り返し、この特殊な形状が完成。特許に出願後に家族や友人に使用してもらったところ、口コミで広がり、欲しいという人が続出。松本さんが手作りして渡していましたが、提供が間に合わない状況が続いていました。そこで、弊社のノウハウを活かすことで、より性能の良いノズルを提供できることがわかり、商品化するに至りました。

【製品概要】

商品名　おそうじぺん
小売希望価格　1,100円／個 (税込)

【問い合わせ】
販売元：○○株式会社
東京都○○区○○1－2－3　担当：松本
電話：00-0000-0000　Mail：xxxxx@xxx.co.jp
このプレスリリース内の写真を使用されたい場合は、お気軽にお申し付けください。

です。
　テレビ番組への出演や自宅の撮影は困る……、という場合は、取材依頼があった際にお断りしましょう。

　取材してもらう場合は、ある程度の希望は伝えられますが、放送される際に必ずしも反映されるという保証はありません。
　放送前にチェックすることもできないので、そのことをあらかじめ理解・承諾したうえで取材を受けるようにしましょう。

　取材後にもめたりトラブルが生じたりしてしまうと、二度と取材に来てくれなくなったり、他の番組にも噂が流れてしまい、悪影響が生ずる場合があります。
　テレビにかぎらず、他の媒体も含めてのことですが、「名もない商品を取材していただいている」という感謝の気持ちと、報道の特性を理解しましょう。

　取材の対応や、プレスリリースの作成・配信など、自分でできない場合は、お金はかかりますが、専門の人や会社に依頼したり、アドバイスを得たりしながら進めていくという方法もあります。
　費用的に余裕があれば、そういったところにお願いするのも一つの手です。苦手なことに時間を割くより、売り込み先を探すことや新しい発明をすることに時間を割いたほうがいい、と私は考えます。

　数多くのテレビ取材を経験してきた私がアドバイスできるのは、商品の特徴を一言で言えるようにしておくことです。
「この商品については何でも知っている。すべてわかっている。だって、私が発明者なんだから……」と思っていても、いざカメラの前で話をするとなると、あれもこれも話してしまって一言にまとめられないものです。
　どんなことを聞かれてもすぐに答えられるように、インタビューされたときのことを考えて練習しておきましょう。

column

「ペン先すーぴぃ」物語〔商品化編〕

「発明家になって大金持ちになれる！」と思っていましたが、特許出願をし、気がつけば５年の歳月が経っていました。

メーカーでの商品化の検討がとても長引いていたのです。いや、正確に言えば、うやむやになっていたようで、検討はしていなかったのではと思います。

自分では問題なさそうに思えた拭く部分の素材ですが、工業製品にするにあたり、どのような素材を採用すればいいのか、とても難しかったようです。

一点でも調達に悩む箇所があると、開発は長引きます。ですから、今は発明品に使う部品点数はなるべく少なくなるように考えています。

ずっと解決しなかったことが、たった一日で解決しました。

それは、そのメーカーの出展している展示会に行った日です。

５年もの間、私も試作品は送りつづけていましたが、実際にそのメーカーに行ったことがなかったので、その人たちがいる場所へ行ってみようと思いたったのです。

ブースに展示してある商品を眺めていたところ、メーカーの人が声をかけてくださいました。

「私は主婦なので……」と話すと、「そうですか、我が社は主婦の方のアイデアも採用していますよ」と、「おそうじミトン」というボア素材でできているミトンを見せてもらいました。

主婦のアイデアが商品化！　心から羨ましいなあ……、と思いました。

「私も、御社に掃除機のノズルを提案していまして……」と何気なく話したところ、「松本さんでしょうか？　私は副社長をしています。ご提案のアイデアは存じ上げていますよ」と言われました。

「ええ!?　その節はたいへんお世話になりました」
「なかなか商品化できずに、申し訳ありませんね」
　と少し雑談をしているなかで、ふと閃いたのです。
「この『おそうじミトン』のボア素材が、私の発明品の『拭部』につきませんか？」
「あ！　確かにそれはいいですね！　さっそくやってみましょう！」

　この雑談の後、5 年も悩んでいたところの仕様が決まりました。
　さらにこの日突然、発明家の商品化を応援するテレビ番組への出演のオファーがあり、この商品での出演が決まったのです。
　出演してみると、番組のなかでその商品が最高得点を得て 1 位になり、かなりその商品の宣伝になりました。
　その後 3 ヵ月で商品化され、店頭に並びました。あの日、あの場所に行かなければ、この本も書いていなかったでしょう。

　最後の最後に私が学んだのは、「提案しているメーカーの商品をよく知ること」でした。提案先のメーカーがどのような商品を出しているのか、知ろうともしなかったことが、商品化が進まなかった原因でした。
　自分の主張ばかりでは、やはり「お見合い」もうまくいきません。
　提案書編でもお話ししたように、一度に 70 社に提案しましたが、それは間違いだったと気づきました。その会社がどのような商品を販売しているのか、よく調べずに出しても、無駄な提案になるからです。

その後は、アイデアを提案する場合は、提案先のメーカーの商品群をよく調べてから、1社ずつ丁寧に提案書を書いて出しました。そうすると、お返事も丁寧に返ってきます。

返事が来たらそれをよく読み、また改良して出せる余地があるかを考え、改めて提案する。それが、自分の発明を商品化する早道なのです。

part
7

私の尊敬する スゴイ主婦発明家

身近なことから思いついたアイデアを商品化し、成功している主婦発明家をお二人ご紹介します。お二人とも、コツコツと試作をして特許を取得され、自分のアイデアをブランド化し、会社を立ち上げて大活躍しています。

ベルトのパーツで6社とライセンス契約！

「コアルーバッグ」
発明者：池成姫さん

https://coaroo.co.jp/coaroo

プロフィール

韓国ソウル出身。大学中退後、放浪中に出会った日本語にはまり、留学生として来日。早稲田大学日本文学科を卒業。小さい出版社に就職、翻訳部門を立ち上げ、特許翻訳を知る。独特な特許の文章に関心をもち、特許について独学。普段のアイデア癖から、出願して「発明」にしたいと夢をみるようになる。子育てを機に発明を開始。発明をきっかけに起業。現在は起業家、発明家。そして、主婦として家事も毎日しっかりこなしている。

代表作

コアルーバッグ

定価：7,000円～18,000円

特徴：一本のベルトで付け替えなしでも、ショルダーからリュック、前抱え、メッセンジャーなどに自在に変身する5WAYショルダーバッグ。背負うことも前に抱えることもできる特徴から、コアラとカンガルーを合わせて「コアルーバッグ」と名付けました。マザーバッグやビジネスバッグ、学生バッグなど、現在、さまざまなバッグに装着されて、6社とライセンス契約をしています。

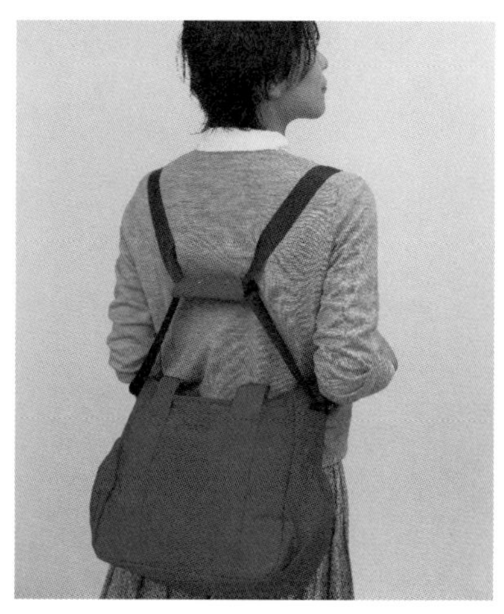

Q. 今までに商品化された発明品は？
「コアルーバッグ」、「コアルーサスペンダー」、「センス手帳」の３つです。

Q. 発明に挑戦したのはいつですか？
子育てをしているとき「なかなか良い抱っこ紐がないなあ……」と悩んでいました。一人でおんぶしやすく、子どもが寝ていても、そーっと下ろせるようなのがあったらいいなと。それが「コアルーバッグ」の発明につながっていきました。

Q. 発明のキッカケを教えてください。
もともと「なで肩」で、荷物を肩から下げて歩いていると、途中でずり落ちてくるのが嫌でした。とくに、子育てが始まると持ち歩く荷物はどんどん増えていき、もっと便利なカバンがないものか、と悩みはじめました。
上げ下ろしが面倒だったり、重さが偏ったり、ずり落ちたりするカバンのストレスを、掛け方を簡単に替えられるベルトの構造で解決したかったのです。

今の「コアルー」のアイデアが思い浮かんだときは、まるで天から降ってきたような衝撃で、これなら絶対いける！と確信しました。
「これなら子どもでも使えるぐらい簡単！」と思い、さっそく子どもの幼稚園バッグや自分のバッグを作って試してみることから始めました。

私が思いついたこのベルトの構造は「発明」ではないか？　と弁理士さんに相談したところ、これまでにない構造で、特徴が明確であるということで、特許も取得できました。

Q. これまでのご苦労を教えてください。
最初はライセンス料をもらえたらいいなと思い、営業しましたが、まったく通らず。それなら売れることを証明しようと、起業。岡山の工場で帆布素材のバッグを作りました。

それなりの評判で、賞も取れたりマスコミでも紹介されたりするなど、幸運続きでしたが、起業して間もなく、東日本大地震でマーケットが一変！

帆布よりナイロン素材、小さいバッグより大きいバッグを求める声が高まり、宣伝効果は得られず、支出ばかりが増えていく深刻な経営難に陥りました。

とにかく身銭を切る数年間の暗黒期は本当に辛かったです。

まわりのママたちの助けを得ながら、ライセンス契約をしてくれた会社さんと二人三脚で進んでいきました。

最初にヒットしたのは、カタログ販売の千趣会が手掛けてくれたマザーズバッグです。

Q. 発明の原動力は何ですか？

不便を感じると人一倍解決したくなる性分の私は、日々の暮らしのなかで、常に大小の工夫をしています。

自分にとって発明はその延長にすぎません。

ただ、出願するのにもお金がかかるので、ちゃんとビジネスになるかどうか見極めながら進めています。

Q. 発明家を目指す人へのメッセージ

自分の発明が多くの人の役に立てる商品になったときに、大きな喜びを味わうことができます。発明家同士で協力し合いながら、それぞれの人の作品が世に認められることを祈っています。

ピアノペダリングに特化した世界初の専用シューズ

「リトルピアニスト」
発明者：倉知真由美さん

https://littlepianist.jp

プロフィール

ゲーム制作会社に正社員として勤務していたが、結婚を機に退職。経営知識ゼロ、生産工場のツテなしの状況から、特許取得をきっかけに一念発起して起業。2016年の売上を前年比2.4倍に伸ばし、創業・起業成功事例として2017年版「小規模企業白書」（中小企業庁発表）に掲載される。2018年、初の海外展示会に出展。ピアノシューズの世界進出を目指す。

代表作

ピアノシューズ

定価：14,500円～

特徴：ピアノ演奏で行うペダル操作は、踵（かかと）を床に固定しながら踏みますが、普通の靴のヒールでは床とヒールが安定しないため、ピアノの演奏に支障がありました。その課題をクリアしたのが、この「ピアノの演奏用の靴」です。特許取得の湾曲ヒールと工夫された靴底により、ペダルテクニックが向上し"思い通りの演奏"が実現します。ピアノ演奏者を足元から支え、美しく演奏できるように考えられた世界唯一のピアノシューズです。

Q. 今までに商品化された発明品は？

この発明、一つです。

Q. 発明に挑戦したのはいつですか？

2010 年、発明とは意識せずに娘のためだけに作りました。

娘のピアノのレッスンに付き添って、ペダル効果が、演奏するうえでいかに大切かを知りました。彼女にはこう弾きたいという思いがあるのに、身体が小さく足の力が弱いことから、意図したペダル操作は困難でした。

そのときの「もっと楽にペダル操作ができないものか」という想いが、このピアノシューズの制作の始まりです。まずは現状を調査・検証し、この商品を開発するにあたり、次の基本改良コンセプトを決めました。

・本番のステージでのペダリング感覚を、練習時から養うようにする。
・ペダルを踏む感覚が足裏に伝わるようにする。
・ラクに踏む深さを微調整できるようにする。
・ペダルを踏む際に滑らないようにする。
・ステージ上での足音をサイレントにする。
・機能的で、かつ演奏時に自信がもてるデザインの靴にする。

試作の写真

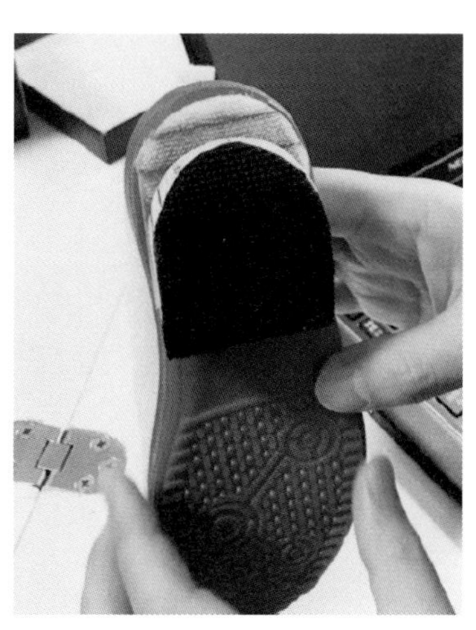

通常のかかとの位置だとピアノのペダルが踏みにくいため、踵（かかと）の位置はどこがいいか試行錯誤しました。

そして、演奏時の心理状態や人間工学を十分に研究し、専門家のアドバイスを反映しながら試行錯誤を繰り返し、世界初の「ピアノペダリングに特化した専用のシューズ」が完成しました。

2014 年、ピアノのペダルの操作性を飛躍的に向上させる「ピアノ演奏用の靴」として特許取得。

Q. 発明のキッカケを教えてください。

娘がピアノを練習しているときに、靴がピアノのペダルを踏みづらくしていることに気づきました。

娘の演奏のためにピアノ演奏用の靴を探しましたが、結局、見つからなかったため、自分で市販の靴を使って工夫して作りました。

それを知人に話したところ「世の中にないものなら特許が取得できるのではないか」と言われ、弁理士に相談したのがキッカケです。

Q. これまでのご苦労を教えてください。

2010 年、娘のためだけの「ピアノ演奏用の靴」の構想が完成。それをもとに 2014 年に特許を取得しました。同年、一念発起して起業。

100 社以上の靴の会社に提案し、生産してくれそうな会社を探しました。

2015 年、生産してくれる工場を見つけ出し、商品化を実現。同年 6 月に全国の大型楽器店 20 店で販売を開始できました。

苦労したことは、試作品をたくさん作り、どのような特徴のピアノシューズが良いかテストしてくれる人を集め、地道に評価しデータ収集したことです。

そして、販売実績のない新発明のピアノシューズを生産してくれる靴工場を探し出したことです。

Q. 発明の原動力は何ですか？

自分の能力（鈍感力・忍耐力・追求力）を発揮し、不便さを感じている世の中の人に喜んでもらいたいと思いました。

Q. 発明家を目指す人へのメッセージ

発明家は、これまで誰も通ったことのない茨の道を切り拓いていくパイオニア。傷だらけになってもめげない精神力が大切です。自分で決めたゴールに向かって突き進んでください。

おわりに

私の発明黒歴史とも言える小学校時代の「発明展」事件。
プロローグで、発明をごまかすことばかり考えていた、と書きましたが、そのときに作ったのが「自立する傘立て」です。
この名称だけ見れば、「良さそうじゃない？」と思われるかもしれませんが、トラウマになるくらいの失敗作でした。頭から湯気が出るくらい頑張って考えたのに……、です。

どんな発明だったかというと、みかんの缶詰の空き缶に油粘土を詰め、傘を何本も突き刺せるというものです。油粘土なのでリユースも可能だと思いました。
当時の私としては「千手観音の腕のようにたくさん入る傘立てがあったら便利だよね」という発想でした。
しかし、いざ作品が展示されてみると、油粘土のきつい臭いによって、大不評でした……。そんなことも今となっては良い思い出です。

普通の主婦が発明し、大ヒットした伝説の商品「洗濯糸くずとりネット」は、総売上 78 億円。かかとのないスリッパ「初恋ダイエットスリッパ」は、総売上 60 億円。すごいですね……。

家事の不便さや女性の悩みを、ちょっとしたアイデアで解決した発明品です。いずれも企業に採用されて大ヒットしました。
このように、日本には「発明」でロイヤリティ収入を得ている人がいます。

「発明」なんて難しそう、私には無理ですって？

いえいえ、ちょっとした工作や縫製など、自分がやれることで「発明」ができるのです。

自分がやれることで、自分やまわりの人の“困った”を解決しようとすると、誰も思い浮かばなかったアイデアが出てきます。

そして、それは商品となり、人の助けになります。
「文無し、不器用」な人こそ、目の前の困りごとに向き合えば、多くの人のニーズに合うものが見つかるでしょう。

本書で、発明の初心者に「考える楽しさ」が身につくよう、そして、すでに発明活動をしている人には、よりいっそうご活躍できるよう、心より願っています。

2020 年 7 月　松本奈緒美

発明関連用語集

あ行

アイデア提案書

自身の持つ権利について、ライセンス契約や権利譲渡の売り込みを、メーカーにするための提案書。

意匠権

- 意匠とは、(1)「物品」「建築物」「画像」の(2)「カタチ・模様(+色)」という2つの要素からなるデザインのこと。意匠権を取得するためには、その意匠が量産可能である必要がある。
- 意匠権を取得したデザインの実施(生産、使用、販売など)を独占でき、権利侵害者に対して差し止めや損害賠償を請求できる。
- 権利期間は、出願日から25年。

一石二鳥シート

著者(松本奈緒美)の考えた発想法、造語。何かと何かを組み合わせることで新規性が生じることがある。手軽な発明発想法として教えている。テレビ番組などでも取り上げられた(NHK:おはよう日本「まちかど情報室」特集など)。

インセンティブ契約

「見返り」や「報酬金」の意味で使われる言葉。成果に応じて報酬を支払う、という契約を「インセンティブ契約」という。

卸価格

メーカーが販売店に対して販売する価格。

か行

警告書

自身の保有する権利を侵害している会社へ、保有している権利番号を伝え、侵害している商品の製造・販売中止などを求める文書。

権利

この本で目指す、商品化の元となる「権利」とは、産業財産権（特許・実用新案・意匠・商標）を指す。

公報（特許・実用新案・意匠・商標）

公報は産業財産権制度と大きな関わりをもち、特許・実用新案においては、「技術の公開」と「権利の公示」といった機能を担保する重要な役割を担っており、国の責務として発行されている。公報の必要性について、特許法、実用新案法、意匠法、商標法ではその目的を下記のとおりに規定されている。

特許法第１条……発明の保護及び利用を図ることにより、発明を奨励し、もつて産業の発達に寄与することを目的とする。

実用新案法第１条……物品の形状、構造又は組合せに係る考案の保護及び利用を図ることにより、その考案を奨励し、もつて産業の発達に寄与することを目的とする。

意匠法第１条……意匠の保護及び利用を図ることにより、意匠の創作を奨励し、もつて産業の発達に寄与することを目的とする。

商標法第１条……商標を保護することにより、商標の使用をする者の業務上の信用の維持を図り、もつて産業の発達に寄与し、あわせて需要者の利益を保護することを目的とする。

さ行

J-PlatPat（特許情報プラットフォーム）

日本のみならず、欧米等も含む世界の特許・実用新案、意匠、商標、審決に関する公報情報。手続きや審査経過等の法的状態（リーガルステイタス）に関する情報等が収録されており、無料で特許情報の検索・閲覧ができるサービス。

試作

頭の中で思いついたアイデアが、実際にその通りに機能するか、試しに作る創作物のこと。

実体審査

出願された内容が特許権の取得に該当するかの判断を、特許庁の審査官によって審査すること。「実体審査」は、出願後 3 年以内に出願審査請求を行うことによって行われる。出願審査請求が行われない場合、権利取得する資格を失う。

実用新案技術評価書

実用新案権は新規性・進歩性等に関する実体審査がなされないまま考案が登録されるため、第三者が損害を受けるおそれがある。そこで登録された考案の新規性や進歩性等の有無について特許庁審査官が評価する「実用新案技術評価書制度」が設けられた。

実用新案権

・物品の形状、構造または組み合わせに係わる「考案」が保護の対象。

・権利の対象となる考案の実施（生産、使用、販売など）を独占でき、特許庁が発行する「実用新案技術評価書」を提示すれば、権利侵害者に対して差し止めや損害賠償を請求できる。
・無審査で、迅速・安価に登録が可能。
・権利期間は、出願日から10年。

出願公開

出願された日から１年６月を経過すると、出願内容がそのまま公開公報によって公開される。

出願番号

特許出願が特許庁に受理されると付与される番号。番号の頭に「特願」がついている。

商標権

・事業者が使用するマーク（文字、図形、記号、立体的形状、色彩、音）、自己の商品・サービスと他人の商品・サービスを区別するために使用するマークが保護の対象。
・権利期間は、登録から10年だが、更新登録料を支払うことで権利更新ができる。

新規性

特許要件の一つであり、特許法第 29 条第１項に規定されるもの。既存の発明と比較して相違点があり、新規に発明されたものであることの論理の構築（論理付け）ができること。

審査請求

特許は出願しただけでは権利取得ができない。特許として認めてもらうために特許庁に審査を請求すること。

進歩性

特許要件の一つであり、特許法第 29 条第 2 項に規定されるもの。先行技術に基づいて、発明者が請求項に係わる発明を容易に考えることができたかどうかについて、論理的に説明できることが必要とされる。

設定登録

特許権、実用新案権、意匠権、商標権が設定登録されると、特許庁に備える「登録原簿」に登録される。さらに、その権利に関して変更があった場合も、登録原簿に登録される。よって、ある権利の現在の状況について確認するときは、その登録原簿を確認する必要がある。

た行

著作権

知的財産権の一種であり、美術、音楽、文芸、学術など作者の思想や感情が表現された著作物を対象とした権利。この本では、主に第三者が作成した図案、キャラクターなどには、その第三者の著作権が発生しているので、ハンドメイドで販売する際には著作者に確認することとしている。

登録料

権利が取得できたら、定められた登録料を特許庁に支払うことで権利を維持できる。支払いをやめた時点で権利が消失する。

特許権

- 技術的思想の創作である「発明」が保護の対象。
- 権利の対象となる発明の実施（生産、使用、販売など）を独占でき、権利侵害者に対して差し止めや損害賠償を請求できる。
- 権利期間は、出願日から20年。

特許庁

知的創造の成果を保護・活用し、産業の発達に寄与することを目的とした産業財産権制度（特許、実用新案、意匠、商標制度を総称した呼び名）を所管する組織。（1）産業財産権の適切な付与、（2）産業財産権施策の企画立案、（3）国際的な制度調和と途上国協力の推進、（4）産業財産権制度の見直し、（5）中小企業・大学等に対する支援、（6）産業財産権情報提供の拡充等、日本の産業発展に向けた取り組みを行っている。

は行

発明

それまで世になかった新しいものを、考え出したり作り出したりすること。「蓄音機を一する」「一者」「一家」。なお、特許法での「発明」の定義は、「自然法則を利用した技術的思想の創作のうち高度のもの」（特許法第２条第１項）と定義されている。この本では、特許法に基づく「発明」の定義を採用している。

発明トライアングル

著者（松本奈緒美）の考えた造語。「発想」、「試作」、「調査」の３つをじっくりと繰り返すことで、より良い発明につながるという重要性から名付けた。

プレスリリース

官庁・企業・団体などが広報用に報道機関に配布する発表資料の印刷物。また、報道機関向けの発表。「news release（ニュースリリース）」などともいう。個人や中小企業でも発表することができる。

文献

この本では特許などの出願書類のこと。

弁理士

弁理士法に基づいて定められた業務を行う国家資格者。特許権、実用新案権、意匠権、商標権などの知的財産権を取得する際の代理業務、特許庁への手続きを行うのが弁理士の主な仕事。知的財産全般についての相談や助言、コンサルティングのほか、特許権、実用新案権、意匠権、商標権などの侵害に関する訴訟に、補佐人として、または一定要件のもとで弁護士と共同で訴訟代理人として参加することもある。

方式審査

特許出願後に行われる簡易的な審査のこと。審査資料の記述方法が正しいかどうかを審査する。記述方法に不備があった場合、再提出を求められる。

ら行

ライセンス契約

保有する権利の使用許諾契約。ライセンス契約には、契約金額や「1個売れるにつき○円」など対価の約束を入れる。「ロイヤリティ契約」と同義語。

ライセンス料

ライセンス契約に基づき支払われる対価。

ロイヤリティ

特許権・商標権・著作権などの使用料。特定の権利を利用する利用者が、権利を持つ者に支払う対価のこと。著作権に対するロイヤリティでは印税、特許に対するロイヤリティでは特許料と呼ばれることもある。

松本奈緒美（まつもと・なおみ）

株式会社発明ラボックス・代表取締役。発明家。「お金をかけずに発明する」がモットー。販売促進用ツール「紙パズル」（100万枚）のほか、掃除機のノズル「ペン先すーぴぃ」（14万個）、「おそうじシュシュ」、「おまとめハンガーカバー」、「耳あてマフラー」など、数々のヒット商品を生み出す。簡単な構造でも特徴をもたせ、数々の権利を取得。多くの企業とロイヤリティ契約を結んでいる。2010年、株式会社発明ラボックス設立。個人発明家のアイデアをメーカーにつなぐ「アイデアご意見隊」システムを構築。

＜主なテレビ出演＞
2012年12月　日本テレビ「ヒルナンデス！」
2013年2月　フジテレビ「笑っていいとも！」
2014年9月　フジテレビ「ノンストップ！」
2015年3月　フジテレビ「バイキング」
2016年9月　テレビ東京「NEWS アンサー」
2017年9月　NHK Eテレ「Rの法則」
2019年5月　テレビ朝日「スーパーJチャンネル」

株式会社発明ラボックス
https://www.hatsumeilabox.com

主な参考ホームページ等

特許庁ホームページ
工業所有権情報・研修館ホームページ
日本弁理士会ホームページ
日本弁理士会関西会ホームページ
大辞林第三版（三省堂）
デジタル大辞泉（小学館）

はじめての発明
アイデアを商品化して収入を得る方法

2020 年 8 月 4 日　第 1 版第 1 刷発行
2022 年 5 月 4 日　第 1 版第 2 刷発行

著者　松本奈緒美

発行者　株式会社 新泉社
東京都文京区湯島 1-2-5　聖堂前ビル
電話　03(5296)9620
FAX　03(5296)9621

印刷・製本　創栄図書印刷 株式会社

ISBN978-4-7877-2012-2 C2077